JN438259

근현대 전법선맥(傳法禪脈)

75조 경허 성우(鏡虛 惺牛) 선사

홀연히 콧구멍 없는 소 되라는 말끝에	忽聞人語無鼻孔
삼천계가 내 집임을 단박에 깨달았네	頓覺三千是我家
유월의 연암산을 내려가는 길에서	六月鷰岩山下路
일없는 야인이 태평가를 부르노라	野人無事太平歌

76조 만공 월면(滿空 月面) 선사

전법게

구름과 달, 산과 계곡이라, 곳곳에서 같음이여	雲月溪山處處同
선가의 나의 제자 수산의 큰 가풍일세	叟山禪子大家風
은근히 무문인을 그대에게 분부하니	慇懃分付無文印
이 기틀의 방편이 활안 중에 있노라	一段機權活眼中

77조 전강 영신(田岡 永信) 선사

전법게

불조도 전한 바 없어서	佛祖未曾傳
나 또한 얻은 바 없음을…	我亦無所得
가을빛 저물어 가는 날에	此日秋色暮
뒷산의 원숭이가 울고 있네	猿嘯在後峰

78대 대원 문재현(大圓 文載賢) 선사

전법게

부처와 조사도 일찍이 전한 것이 아니거늘	佛祖未曾傳
나 또한 어찌 받았다 하며 준다 할 것인가	我亦何受授
이 법이 2천년대에 이르러서	此法二千年
널리 천하 사람을 제도하리라	廣度天下人

부송(付頌)

어상을 내리지 않고 이러-히 대한다 함이여	不下御床對如是
뒷날 돌아이가 구멍 없는 피리를 불리니	後日石兒吹無孔
이로부터 불법이 천하에 가득하리라	自此佛法滿天下

이 오도송과 전법게는 대원 문재현 선사님께서 법리에 맞도록 새롭게 번역한 것입니다.

불조정맥 제 77조 대한불교 조계종 전강 대선사님께서는, 16세에 출가하여 23세 때 첫 깨달음을 얻고 25세에 인가를 받으셨다. 당대의 7대 선지식인 만공, 혜봉, 혜월, 한암, 금봉, 보월, 용성 선사님의 인가를 한 몸에 받으셨으며, 이 중 만공 선사님께 전법게를 받아 그 뒤를 이으셨다. 당대의 선지식들이 모두 극찬할 정도로 그 법이 뛰어나서 '지혜제일 정전강'이라 불렸다.

33세의 최연소의 나이로 통도사 조실을 하셨고, 법주사, 망월사, 동화사, 범어사, 천축사, 용주사, 정각사 등 유명선원 조실을 역임하시고 인천 용화사 법보선원의 조실로 일생을 마치셨다.

1975년 1월 13일, 용화사 법보선원의 천여 명 대중 앞에서 "어떤 것이 생사대사(生死大事)인고?" 자문한 후에 "악! 구구는 번성(飜成) 팔십일이니라."라고 법문한 뒤, 눈을 감고 좌탈입망하셨다.

다비를 하던 날, 화려한 불빛이 일고 정골에서 구슬 같은 사리가 무수히 나왔다. 열반하시기까지 한결같이 공안 법문으로 최상승법을 드날리셨으니 그 투철한 깨달음과 뛰어난 법, 널리 교화하기를 그치지 않으셨던 점에 있어서 한국 근대 선종의 거목이라 일컬어지고 있다.

불조정맥 제78대 대원 문재현 전법선사님
– 양대 강맥 전강대법회에서 법문 중 할을 하시는 모습

오로지 정법만을 깨닫기 서원합니다.

입을 열면 정법만을 설하기 서원합니다.

중생이 다하는 그날까지 교화하기 서원합니다.

–대원 문재현 전법선사의 3대 서원

2013년 성불사 국제정맥선원 초파일대법회를 마치고 대원 문재현 선사님과 함께

불교 8대 선언문

불교는 자신에게서 영생을 발견하게 한 유일한 종교이다.
불교는 자신에게서 모든 지혜를 발견하게 한 유일한 종교이다.
불교는 자신에게서 모든 능력을 발견하게 한 유일한 종교이다.
불교는 자신에게서 모든 것을 이루게 한 유일한 종교이다.
불교는 자신에게서 극락을 발견하게 한 유일한 종교이다.
불교는 깨달으면 차별 없어 평등하다는 유일한 종교이다.
불교는 모든 억압 없이 자신감을 갖게 한 유일한 종교이다.
불교는 그러므로 온 누리에 영원할 만인의 종교이다.

– 대원 문재현 전법선사 주창

초발심자경문

대원 문재현 선사 역저

바로보인 출판사는 정맥선원에서 운영하고 있습니다.

* 인제산(人濟山) 성불사(成佛寺) 국제정맥선원
경기도 포천시 내촌면 음현리 140-2 / 031-531-8805
* 광암산(光巖山) 성도사(成道寺) 광주정맥선원
광주광역시 광산구 오운동 115-3 / 062-944-4088
* 도봉산(道峯山) 도봉정사(道峯精舍) 서울정맥선원
서울시 도봉구 도봉동 559-24 문젠빌딩 2층 / 02-3494-0122
* 백양산(白楊山) 자모사(慈母寺) 부산정맥선원
부산시 동래구 사직동 113-1번지 대륙코리아나 2층 212호 / 051-503-6460
* 인제산(人濟山) 이룬절 포천정맥선원
경기도 포천시 내촌면 음현리 8번지 / 031-532-1918
* 대통산(大通山) 대통사(大通寺) 해남정맥선원
전남 해남군 화산면 안호리 산 62-2 중정마을 대통산 / 010-8822-3603

바로보인 불법 ㉑
초발심자경문(初發心自警文)

초판 1쇄 펴낸날 단기 4342년, 불기 3036년, 서기 2009년 6월 20일
초판 2쇄 펴낸날 단기 4346년, 불기 3040년, 서기 2013년 5월 31일

역　　저 대원 문재현 선사
펴 낸 곳 도서출판 바로보인
487-835, 경기도 포천시 내촌면 음현리 140
전화 031-534-3373 팩스 031-533-3387
신고번호 2010.11.24. 제2010-000004호

편집·윤문 진성 윤주영
제작·교정 도명 정행태, 명심 위하나
인　　쇄 가람문화사

www.zenparadise.com

값 10,000원

ISBN 978-89-86214-78-9 03220

불조정맥(佛祖正脈)

인 도

교조 석가모니불 (教祖 釋迦牟尼佛)

1 조 마하가섭 (摩訶迦葉)

2 조 아난다 (阿難陀)

3 조 상나화수 (商那和脩)

4 조 우바국다 (優波鞠多)

5 조 제다가 (提多迦)

6 조 미차가 (彌遮迦)

7 조 바수밀 (婆須密)

8 조 불타난제 (佛陀難提)

9 소 복타빌다 (伏馱密多)

10조 파율습박(협) (波栗濕縛, 脇)

11조 부나야사 (富那夜奢)

12조 아나보리(마명) (阿那菩堤, 馬鳴)

13조 가비마라 (迦毗摩羅)

14조 나가르주나(용수) (那閼羅樹那, 龍樹)

15조 가나제바 (迦那提波)
16조 라후라타 (羅睺羅陀)
17조 승가난제 (僧伽難提)
18조 가야사다 (迦耶舍多)
19조 구마라다 (鳩摩羅多)
20조 사야다 (闍夜多)
21조 바수반두 (婆修盤頭)
22조 마노라 (摩拏羅)
23조 학륵나 (鶴勒那)
24조 사자보리 (師子菩提)
25조 바사사다 (婆舍斯多)
26조 불여밀다 (不如密多)
27조 반야다라 (般若多羅)
28조 보리달마 (菩提達磨)

중 국

29조 신광 혜가 (2조 神光 慧可)
30조 감지 승찬 (3조 鑑智 僧璨)
31조 대의 도신 (4조 大醫 道信)
32조 대만 홍인 (5조 大滿 弘忍)

33조 대감 혜능 (6조 大鑑 慧能)
34조 남악 회양 (7조 南嶽 懷讓)
35조 마조 도일 (8조 馬祖 道一)
36조 백장 회해 (9조 百丈 懷海)
37조 황벽 희운 (10조 黃檗 希雲)
38조 임제 의현 (11조 臨濟 義玄)
39조 흥화 존장 (12조 興化 存奬)
40조 남원 혜옹 (13조 南院 慧顒)
41조 풍혈 연소 (14조 風穴 延沼)
42조 수산 성념 (15조 首山 省念)
43조 분양 선소 (16조 汾陽 善昭)
44조 자명 초원 (17조 慈明 楚圓)
45조 양기 방회 (18조 楊岐 方會)
46조 백운 수단 (19조 白雲 守端)
47조 오조 법연 (20조 五祖 法演)
48조 원오 극근 (21조 圓悟 克勤)
49조 호구 소륭 (22조 虎丘 紹隆)
50조 응암 담화 (23조 應庵 曇華)
51조 밀암 함걸 (24조 密庵 咸傑)
52조 파암 조선 (25조 破庵 祖先)
53조 무준 사범 (26조 無準 師範)
54조 설암 혜랑 (27조 雪岩 慧郎)
55조 급암 종신 (28조 及庵 宗信)
56조 석옥 청공 (29조 石屋 淸珙)

한 국

57조 태고 보우 (1 조 太古 普愚)
58조 환암 혼수 (2 조 幻庵 混脩)
59조 구곡 각운 (3 조 龜谷 覺雲)
60조 벽계 정심 (4 조 碧溪 淨心)
61조 벽송 지엄 (5 조 碧松 智儼)
62조 부용 영관 (6 조 芙蓉 靈觀)
63조 청허 휴정 (7 조 淸虛 休靜)
64조 편양 언기 (8 조 鞭羊 彦機)
65조 풍담 의심 (9 조 楓潭 義諶)
66조 월담 설제 (10조 月潭 雪霽)
67조 환성 지안 (11조 喚醒 志安)
68조 호암 체정 (12조 虎巖 體淨)
69조 청봉 거안 (13조 靑峰 巨岸)
70조 율봉 청고 (14조 栗峰 靑杲)
71조 금허 법첨 (15조 錦虛 法沾)
72조 용암 혜언 (16조 龍巖 慧言)
73조 영월 봉율 (17조 詠月 奉律)
74조 만화 보선 (18조 萬化 普善)
75조 경허 성우 (19조 鏡虛 惺牛)
76조 만공 월면 (20조 滿空 月面)
77조 전강 영신 (21조 田岡 永信)
78대 대원 문재현 (22대 大圓 文載賢)

대원 문재현 선사님 인가 내력

제 1 오도송

이 몸을 끄는 놈 이 무슨 물건인가?
골똘히 생각한 지 서너 해 되던 때에
쉬이하고 불어온 솔바람 한 소리에
홀연히 대장부의 큰 일을 마치었네

무엇이 하늘이고 무엇이 땅이런가
이 몸이 청정하여 이러-히 가없어라
안팎 중간 없는 데서 이러-히 응하니
취하고 버림이란 애당초 없다네

하루 온종일 시간이 다하도록
헤아리고 분별한 그 모든 생각들이
옛 부처 낳기 전의 오묘한 소식임을
듣고서 의심 않고 믿을 이 누구인가!

此身運轉是何物
疑端汨沒三夏來
松頭吹風其一聲
忽然大事一時了

何謂靑天何謂地
當體淸淨無邊外
無內外中應如是
小分取捨全然無

一日於十有二時
悉皆思量之分別
古佛未生前消息
聞者卽信不疑誰

대원 문재현 선사님의 스승이신 불조정맥 제77조 조계종(曹溪宗) 전강(田岡) 대선사님께서 1962년 대구 동화사의 조실로 계실 당시 대원 문재현 선사님께서도 동화사에 함께 머무르고 계셨다.

하루는, 전강 대선사님께서 대원 선사님의 3연으로 되어 있는 제1오도송을 들어 깨달은 바는 분명하나 대개 오도송은 짧게 짓는다고 말씀하셨다. 이에 대원 선사님께서는 제1오도송을 읊은 뒤, 도솔암을 떠나 김제들을 지나다가 석양의 해와 달을 보고 문득 읊었던 제2오도송을 일러드렸다.

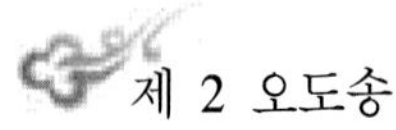
제 2 오도송

해는 서산 달은 동산 덩실하게 얹혀 있고
김제의 평야에는 가을빛이 가득하네
대천이란 이름자도 서지를 못하는데
석양의 마을길엔 사람들 오고 가네

日月兩嶺載同模
金提平野滿秋色
不立大千之名字
夕陽道路人去來

제2오도송을 들으신 전강 대선사님께서는 이에 그치지 않고 그와 같은 경지를 담은 게송을 이 자리에서 즉시 한 수 지어볼 수 있겠냐고 하셨다. 대원 선사님께서는 곧바로 다음과 같이 읊으셨다.

바위 위에는 솔바람이 있고
산 아래에는 황조가 날도다
대천도 흔적조차 없는데
달밤에 원숭이가 어지러이 우는구나

岩上在松風
山下飛黃鳥
大千無痕迹
月夜亂猿啼

전강 대선사님께서는 위 송의 앞의 두 구를 들으실 때만 해도 지그시 눈을 감고 계시다가 뒤의 두 구를 마저 채우자 문득 눈을 뜨고 기뻐하는 빛이 역력하셨다.

그러나 전강 대선사님께서는 여기에서도 그치지 않고 다시 한 번 물으셨다.

"대중들이 자네를 산으로 불러내고 그 중에 법성(향곡 스님 법제자인 진제 스님. 나중에 법원으로 개명)이 달마불식(達磨不識) 도리를 일러보라 했을 때 '드러났다'고 답했다는데, 만약에 자네가 당시의 양무제였다면 '모르오'라고 이르고 있는 달마 대사에게 어떻게 했겠는가?"

대원 선사님께서 답하셨다.

"제가 양무제였다면 '성인이라 함도 서지 못하나 이러-히 짐의 덕화와 함께 어우러짐이 더욱 좋지 않겠습니까?' 하며 달마 대사의 손을 잡아 일으켰을 것입니다."

전강 대선사님께서 탄복하며 말씀하셨다.

"어느새 그 경지에 이르렀는가?"

"이르렀다곤들 어찌 하며, 갖추었다곤들 어찌 하며, 본래라곤들 어찌 하리까? 오직 이러-할 뿐인데 말입니다."

대원 선사님께서 연이어 말씀하시자 전강 대선사님께서 이에 환희하시니 두 분이 어우러진 자리가 백아가 종자기를 만난 듯, 고수 명창 어울리듯 화기애애하셨다.

달마불식 공안에 대한 위의 문답은 내력이 있는 것이다. 전강 대선사님께서 대원 선사님을 부르기 며칠 전에, 저녁 입선 시간 중에 노장님 몇 분만이 자리에 앉아있을 뿐 자리가 텅텅 비어 있었다고 한다.

대원 선사님께서 이상히 여기고 있던 중, 밖에서 한 젊은 수좌가 대원 선사님을 불렀다. 그 수좌의 말이 스님들이 모두 윗산에 모여 기다리고 있으니 가자고 하기에 무슨 일인가 하고 따라가셨다.

그러자 그 자리에 있던 법성 스님이 보자마자 달마불식 법문을 들고 이르라고 하기에 지체없이 답하셨다.

"드러났다."

곁에 계시던 송암 스님께서 또 안수정등 법문을 들고 물으셨다.

"여기서 이떻게 살아나겠소?"

대뜸 큰소리로 이르셨다.

"안 · 수 · 정 · 등."

이에 좌우에 모인 스님들이 함구무언(緘口無言)인지라 대원 선사님께서는 먼저 그 자리를 떠나 내려와 버리셨다.

그 다음날 입승인 명허 스님께서 아침 공양이 끝난 자리에서 지

난 밤 입선시간 중에 무단으로 자리를 비운 까닭을 묻는 대중 공사를 붙여 산 중에서 있었던 일들이 낱낱이 드러나고 말았다. 그리하여 입선시간 중에 자리를 비운 스님들은 가사 장삼을 수하고 조실인 전강 대선사님께 참회의 절을 했던 일이 있었다.

전강 대선사님께서는 이때에 대원 선사님께서 달마불식 도리에 대해 일렀던 경지를 점검하셨던 것이다.

이런 철저한 검증의 자리가 있었던 다음 날, 전강 대선사님께서 부르시기에 대원 선사님께서 가보니 주지인 월산(月山) 스님께서 모든 것이 약조된 데에서 입회해 계셨으며 전강 대선사님께서는 곧바로 다음과 같이 전법게(傳法偈)를 전해주셨다.

전 법 게

부처와 조사도 일찍이 전한 것이 아니거늘
나 또한 어찌 받았다 하며 준다 할 것인가
이 법이 2천년대에 이르러서
널리 천하 사람을 제도하리라

佛祖未曾傳
我亦何受授
此法二千年
廣度天下人

덧붙여 이 일은 월산 스님이 증인이며 2000년까지 세 사람 모두 절대 다른 사람이 알게 하거나 눈에 띄게 하지 않아야 한다고 당부하셨다.

만약 그러지 않을 시에는 대원 선사님께서 법을 펴 나가는데 장애가 있을 것이라고 예언하셨다. 또한 각별히 신변을 조심하라 하시고 월산 스님에게 명령해 대원 선사님을 동화사의 포교당인 보현사에 내려가 교화에 힘쓰게 하셨다.

대원 선사님께서 보현사로 떠나는 날, 전강 대선사님께서는 미리 적어두셨던 부송(付頌)을 주셨으니 다음과 같다.

부 송

어상을 내리지 않고 이러-히 대한다 함이여
뒷날 돌아이가 구멍 없는 피리를 불리니
이로부터 불법이 천하에 가득하리라

不下御床對如是
後日石兒吹無孔
自此佛法滿天下

위의 송의 '어상을 내리지 않고 이러-히 대한다 함이여'라는 첫째 줄 역시 내력이 있는 구절이다.

전에 대원 선사님께서 전강 대선사님을 군산 은적사에서 모시고 계실 당시 마당에서 홀연히 마주쳤을 때 다음과 같은 문답이 있었다.

전강 대선사님께서 물으셨다.

"공적(空寂)의 영지(靈知)를 이르게."

대원 선사님께서 대답하셨다.

"이러-히 스님과 대담(對談)합니다."

"영지의 공적을 이르게."

"스님과의 대담에 이러-합니다."

"어떤 것이 이러-히 대담하는 경지인가?"

"명왕(明王)은 어상(御床)을 내리지 않고 천하 일에 밝습니다."

위와 같은 문답 중에 대원 선사님께서 답하신 경지를 부송의 첫째 줄에 담으신 것이다.

전강 대선사님께서 대원 선사님을 인가(印可)하신 과정을 볼 때 한 번, 두 번, 세 번을 확인하여 철저히 점검하신 명안종사의 안목에 탄복하지 않을 수 없으며 이에 끝까지 1초의 머뭇거림도 없이 명철하셨던 대원 선사님께 찬탄하지 않을 수 없다.

그리하여 법열로 어우러진 두 분의 자리가 재현된 듯 함께 환희용약하지 않을 수 없다.

이제 전강 대선사님과 약속한 2천년대를 맞이하였으므로 여기에 전법게를 밝힌다.

이로써 경허, 만공, 전강 대선사님으로 내려온 근대 대선지식의 정법의 횃불이 이 시대에 이어져 전강 대선사님의 예언대로 불법이 천하에 가득할 것이다.

바로보인 불법 ㉑

초발심자경문

初發心自警文

대원 문재현 선사 역저

초발심자경문에 대하여 …

초발심자경문(初發心自警文)은 불도를 닦는 이들의 필독서로서, 경(經)과 논(論)을 가르치는 전통적인 교육기관인 사찰의 강원(講院)에서 교과서처럼 사용되고 있다. 강원의 학제는 네 단계의 과정으로 되어 있는데 사미과, 사집과, 사교과, 대교과가 그것이다.

이 중, 첫 단계인 사미과에서도 제일 처음 가르치는 기초교재이다.

초발심자경문은, 총 세 분이 지은 세 편의 글로 이루어져 있다.

첫째는 고려 보조국사(普照國師)의 계초심학인문(誡初心學人文),

둘째는 신라 원효(元曉) 대사의 발심수행장(發心修行章),

셋째는 고려 야운(野雲) 화상의 자경문(自警文)이 그것이다.

서문

예로부터 한문 문장의 흐름을 알아 제대로 그 뜻을 새기는 힘인 문리(文理)를 터득하기 위해 화엄경을 본 사람도 초발심자경문을 새로이 독송한다는 말이 있습니다.

그 만큼 초발심자경문은 그 문장에 있어서 대표적으로 구성이 치밀한 명문으로 꼽힙니다.

그런데, 요즈음 출간되어 나온 초발심자경문은 대부분 의역을 위주로 해서 새겨져 있어 문리를 터득하는 데에 도움을 받기가 어렵습니다.

이 초발심자경문은 문리를 터득하게 하기 위해 일부러 의역하지 않고 한문 문장을 새기는 순서에 의해 직역한 것입니다.

또한 불도를 수행하는 이들에게 도움이 될까 하여 이 사람의 체험을 통한 수행지침을 실어놓았으니 신심과 발심을 더하는 살아있는 수행지침이 되기를 바랄 뿐입니다.

단기(檀紀) 4342년
불기(佛紀) 3036년
서기(西紀) 2009년

무등산인 대원 문재현
(無等山人 大圓 文載賢)

차례

계초심학인문

誡初心學人文

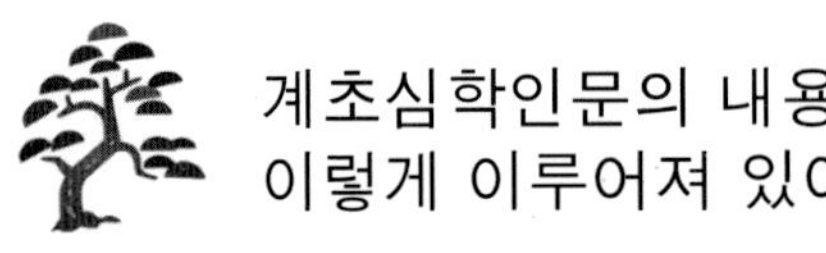

계초심학인문의 내용, 이렇게 이루어져 있어요

계초심학인문은 고려 불일 보조국사 지눌(자호 목우자)이 지은 글로서 처음으로 승려가 된 이의 수행청규이다. 강원의 기초 교재인 초발심자경문 중에서도 가장 먼저 배우는 글로 간단하게 초심장(初心章), 초심문(初心文)이라고 부르기도 한다.

사미율의와 같은 승려들의 계율에 관한 책이 있으나 분량이 워낙 많고 세밀하여 읽고 익히기가 수월치 않으므로 수도생활에 요긴한 것을 간추려 놓은 것이다.

1397년 태조의 명을 받아 전국 사원의 청규로 시행하게 됨에 따라 강원의 필수 과목으로 채택되었고, 승려는 물론 일반 신도까지 배워야 할 불교 수행의 입문서가 되었다.

계초심학인문의 문장, 이렇게 이루어져 있어요

계초심학인문은 금계, 즉 금하는 계율과 권계, 즉 권하는 계율의 문장이 대부분을 차지한다. 이 형식을 알고 본다면 아주 수월하게 계초심학인문의 문장을 파악할 수 있다. 계초심학인문 제1절 '초심자를 경계하는 글'에서는 금계의 대부분이 구 앞에 不得(부득)을 넣은 '~하지 말라'는 금지의 문장으로 이루어져 있으니 1절에서만 17번 등장하고, 계초심학인문 전체에 23번 등장한다. 切不得(절부득)도 不得과 같은 금계의 문장을 만드는 데 쓰이고 있다. 切不得(절부득)의 切은 강세어로 不得의 뜻을 강조하여 '결코 ~하지 말라' 혹은 '절대 ~하지 말라'로 새긴다.

제2절 '대중방 대중을 경계하는 글'과 제3절 '선방 대중을 경계하는 글'에서는 금계의 대부분이 구 앞에 愼(삼갈 신)자를 넣어 '~를 삼가라'는 금지의 문장으로 이루어져 있으니 2, 3절에서만 12번 등장한다. 이 중에 3절의 切須愼之(절수신지)라는 대목만이 특별히 권계의 문투과 금계의 문투가 합쳐져 있다. 권계는 대부분 구 앞에 須(수)를 넣어 '반드시 ~하라'는 권유의 문장으로 이루어져 있는데 계초심학인문 1절에 15번, 전체에 23번 등장한다. 切須(절수), 必須(필수), 當須(당수)도 須와 같은 권계의 문장이다. 切須의 切 역시 강세어로 須를 강조하여 '간절히 반드시'로 새겼다. 必須는 '기필코 반드시', 當須는 '마땅히 반드시'로 새겼다. 금계와 권계의 문장으로 不得과 愼, 須가 들어간 부분을 눈여겨보면서 해석해가면 수월하게 문장을 파악할 수 있을 것이다.

금계, 권계의 문장 형식과 더불어 한문 문장의 흐름을 알아 제대로 새기기 위해서는 어조사의 기능을 잘 알아야 한다. 어조사는 한자에 있어서 우리말의 조사와 종결어미와도 같은 역할을 한다. 실질적인 의미가 없이 체언(명사, 대명사, 수사)의 앞이나 뒤 또는 구중, 구말에서 다른 품사 사이의 문법적 관계를 나타내주거나 뜻을 더해준다. 그러므로 어조사의 기능을 잘 알면 문장구성을 파악하는 데에 큰 도움이 되며, 어조사는 문맥에 따라 평서, 의문, 반어, 감탄 등 문장의 형태와 뉘앙스를 돕는다. 계초심학인문에는 於, 也, 哉, 矣, 歟, 之, 則, 而 등의 어조사가 쓰였다. 이 중의 일부는 어조사로 쓰일 때와 어조사로 쓰이지 않을 때가 있다. 이를 가려서 주를 달았으며, 주요 어조사의 문장에서의 역할 역시 간략하게 주에 달아놓았으니 이를 참고하면 문장을 새기는 데에 도움이 될 것이다.

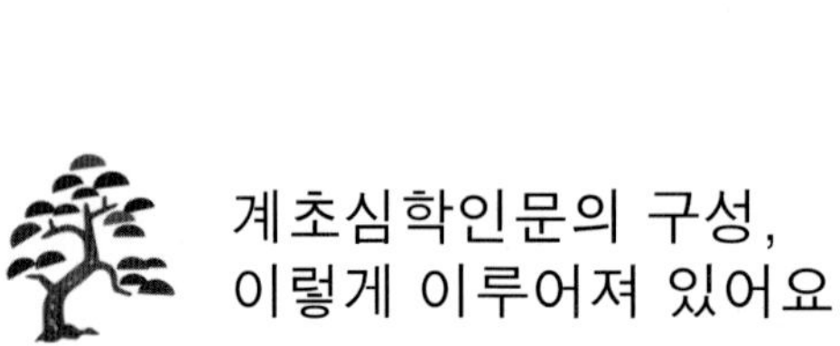

계초심학인문의 구성, 이렇게 이루어져 있어요

계초심학인문의 내용을 전체 맥락을 알 수 있도록 다음과 같이 분류하여 적절한 제목을 달았다.

제 1절 초심자를 경계하는 글

- 초심 대계
- 대중 화합의 계
- 재색에 대한 계
- 일상생활의 계
- 공양시의 계
- 예불시의 계

제 2절 대중방 대중을 경계하는 글

제 3절 선방 대중을 경계하는 글

- 일상생활의 계
- 청법시의 계
- 발심의 계
- 자리이타의 계

제1절 초심자를 경계하는 글

초심대계

夫*初心之*人은
부 초 심 지 인

須*遠離惡友하고
수 원 리 악 우

親近賢善하며
친 근 현 선

受五戒十戒等해서
수 오 계 십 계 등

善知持犯開遮해야 한다
선 지 지 범 개 차

但依金口聖言이요
단 의 금 구 성 언

莫*順庸流妄說하라
막 순 용 류 망 설

무릇 초심의 사람은
반드시 나쁜 벗을 멀리 여의고
어질고 착한 이를 친히 가까이 하며
오계와 십계 등을 받아서
지니고, 범하고, 열고, 막는 것을 잘 알아야 한다
오직 금구의 거룩한 말씀에만 의지할 것이요
용렬한 무리들의 망령된 말은 따르지 말라

* 夫(부) ~ 발어사. 발어사란 주로 긴 문장에서 그 문장의 맨 앞에 놓여 말을 꺼내는 실마리 역할을 하는 부사이다. 대표적인 발어사에 蓋(대개), 惟(생각컨대), 凡(무릇), 且(또한) 등이 있다. 夫는 발어사로 쓰일 때 '무릇', '대저'라고 해석된다.
* 之(지) ~ 구 중에 쓰일 때 여기서와 같이 관형격 조사 '~의'로 흔히 쓰인다. 관형격 조사는 앞 체언에 붙어 그 말이 관형어가 되게 하여 뒤 체언을 꾸며주는 기능을 하게 한다. 관형어는 체언 앞에서 체언의 성질, 상태, 행동 등을 한정하며 꾸며주는 성분이다. 관형격 조사로 쓰일 때에는 문맥에 따라 '~의', '~에 있는', '~와 같은', '~한', '~하는', '~중의', '~중에서', '~가운데에서' 등으로 새긴다.
* 須(수) ~ 구 앞에 쓰일 때 주로 '반드시', '마땅히', '모름지기'라는 뜻으로 해석되는 결정의 조자(助字)이다.
* 莫(막) ~ 不得과 같이 금계(禁戒)의 문장을 만드는 데 쓰였다. 구 앞에서 '~말라'는 뜻으로 쓰여 금지의 문장을 만든다. 부정, 의문의 문장을 만드는 데에도 흔히 쓰인다.

대중화합의 계

旣已出家해서
기 이 출 가

參陪淸衆이라면
참 배 청 중

常念柔和善順이요
상 념 유 화 선 순

不得我慢貢高하라
부 득 아 만 공 고

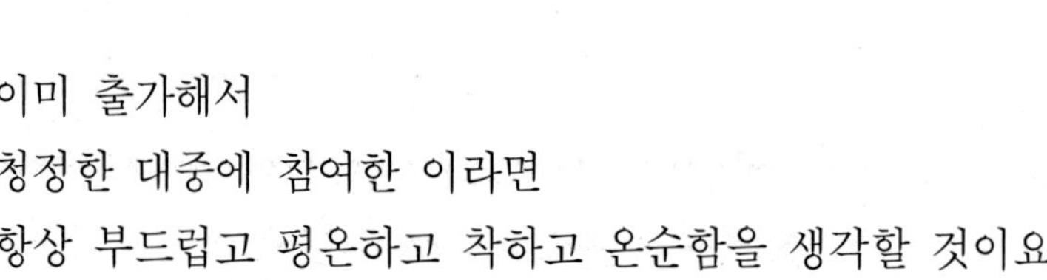

이미 출가해서
청정한 대중에 참여한 이라면
항상 부드럽고 평온하고 착하고 온순함을 생각할 것이요
아만하거나 제 잘난 척 하지 말라

* 旣已(기이) ~ 두 글자가 '이미', '벌써'의 뜻으로 쓰인다.
* 不得(부득) ~ 상용하는 문투. 앞에서 충분히 설명했듯이 계초심학인문에서 금계 즉 금하는 계율의 문장을 만든다. '~하지 말라'라는 금지의 뜻으로 쓰였다. 뒤에 붙을 때에는 불가능의 뜻을 나타내기도 한다.
* 貢高(공고) ~ 숙어. 뽐내는 것, 자랑하는 것, 교만한 것. 여기서는 '제 잘난 척 하다'로 해석하였다.

*大者는 爲兄하고 *小者는 爲弟니
대자 위형 소자 위제

儻有諍者면 兩說을 和合하고
당유쟁자 양설 화합

但*以慈心相向해야 하며
단이자심상향

不得惡語傷人하라
부득악어상인

대자는 형이 되고 소자는 아우가 되니
혹시 다투는 이가 있으면 양쪽 말을 화합하고
오직 사랑하는 마음으로써 서로 대해야 하며
나쁜 말로 남을 상하게 하지 말라

> * 大者(대자), 小者(소자) ~ 출가 문중에서는 먼저 출가하여 계를 먼저 받은 이를 '대자'라 하고, 세인으로는 나이가 많은 이를 '대자'라 한다.
> * 以(이) ~ 어조사의 한 종류로서 체언(명사, 대명사, 수사) 앞에 놓여 서술어와의 관계를 명확히 해주는 역할을 하였다. '~로써'라고 새긴다.

*若也欺凌同伴커나
약 야 기 능 동 반

論說是非면
논 설 시 비

如此出家는
여 차 출 가

全無利益이니라
전 무 이 익

만약 또한 함께하는 도반을 속이고 업신여기거나
옳고 그름을 논해 말한다면
이와 같은 출가는
전혀 이익이 없느니라

* 若也(약야) ~ 상용하는 문투. '약야'에서 '야'자를 '또' 혹은 '또한'이라 읽는 것은 당의 속어와 시어에도 쓰였던 것이다. 그래서 여기서는 '약야'를 '만약 또한'이라고 해석하였다. 그러나 보통 '만약', '만일'이라고 해석된다. 구 앞에 쓰일 때에는 이렇게 해석되지만, 구중이나 구말에 쓰일 때에는 '같다'는 뜻으로 해석된다.

재색에 대한 계

財色之禍는
재 색 지 화

甚於毒蛇니
심 어 독 사

省己知非하여
성 기 지 비

常須遠離하라
상 수 원 리

재물과 여색의 재앙은
독사보다 심하니
자신을 살펴서 그릇됨을 알아
항상 반드시 멀리 여의어라

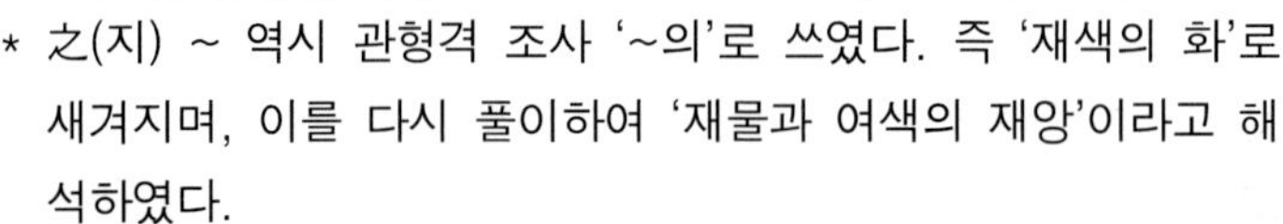

* 之(지) ~ 역시 관형격 조사 '~의'로 쓰였다. 즉 '재색의 화'로 새겨지며, 이를 다시 풀이하여 '재물과 여색의 재앙'이라고 해석하였다.
* 於(어) ~ 어조사로 쓰였다. 어조사란 실질적인 뜻이 없이 다른 글자를 보조하여 주는 한문의 토를 말한다. 於는 어조사로 쓰일 때 구중(句中)에서 처소격 조사(~에, ~에서), 유래격 조사(~에게서), 비교격 조사(~보다, ~보다 더), 목적격 조사(~을, ~를), 도급 보조사(~까지)의 역할을 한다. 구 앞에서 발어의 조사(접두어)의 구실을 하기도 한다. 여기에서는 비교격 조사로 쓰여 '~보다'로 해석하였다.

無緣事則*不得入他房院하고
무연사즉부득입타방원

當屛處의
당병처

不得强知他事하라
부득강지타사

연유한 일이 없을 때엔 다른 방이나 집에 들어가지 말고
마땅히 가리어 막은 곳의
다른 사람 일을 억지로 알려고 하지 말라

* 則(즉) ~ '곧 즉'. 어조사. 어조사로 쓰일 때 문맥에 따라 '~하면', '~할 때에는', '만일 ~이라면' 혹은 '~한다면', '은', '~에 이르러서는' 등으로 새긴다. 여기서는 '~할 때에는'으로 새겼다.

非六日이면
비 육 일

不得洗浣內衣하고
부 득 세 완 내 의

臨盥*漱에
임 관 수

不得高聲涕唾하며
부 득 고 성 체 타

行*益次에
행 익 차

不得搪突越序하고
부 득 당 돌 월 서

6일이 아니면
씻거나 속옷을 빨지 말고
세수하고 양치질할 때를 맞이함에
큰 소리로 침을 뱉지 말며
행익 때에
느닷없이 차례를 어기지 말고

* 盥漱(관수) ~ 숙어. 세수하고 양치질 하는 것.
* 行益(행익) ~ 정인(淨人, 비구승을 시봉하는 속인)이 절에 모인 대중에게 빠짐없이 먹을 것을 담아주는 것.

經行次에
경 행 차

不得開襟掉臂하며
부 득 개 금 도 비

言談次에
언 담 차

不得高聲戲笑하라
부 득 고 성 희 소

거닐 적에
옷깃을 열거나 팔을 흔들지 말며
말할 때에도
소리 높여 희롱하거나 웃지 말라

非要事면
비 요 사

不得出於*門外하고
부 득 출 어 문 외

有病人이면
유 병 인

須慈心守護하며
수 자 심 수 호

見賓客이면
견 빈 객

須欣然迎接하고
수 흔 연 영 접

요긴한 일이 아니면

문 밖에 나가지 말고

병든 사람이 있으면

반드시 자비한 마음으로 지켜 보호하며

손님을 보면

반드시 흔연히 맞아들여 대접하고

* 於(어) ~ 어조사. 여기서는 처소격 조사 '~에'로 쓰였다.

逢尊長이면
봉 존 장

須肅恭廻避하며
수 숙 공 회 피

辦道具에
판 도 구

須儉約知足하라
수 검 약 지 족

웃어른을 만나면

반드시 엄숙하고 공손히 비켜 물러서며

도구를 씀에

반드시 검소하고 절약함으로 만족할 줄 알아라

齋*食時에
재식시

飮啜에 不得作聲하고
음철 부득작성

執放에 要須安*詳하며
집방 요수안상

不得擧顔顧視하고
부득거안고시

不得欣厭精麤하라
부득흔염정추

끼니 때에

마시거나 먹음에 소리를 짓지 말고

집거나 놓음에 요컨대 반드시 평온하게 찬찬히 하며

얼굴을 들어 돌아보지도 말고

정밀하거나 거친 것을 좋아하거나 싫어하지 말라

* 齋食(재식) ~ ① 정오가 되기 전에 하는 식사 ② 재가(在家)나 불가의 식사. 또는 법회의 시식(施食). 여기서는 공양 때를 말한다.
* 安詳(안상) ~ 숙어. ① 안온미묘한 모양. ② 찬찬하고 자상함. 여기에서는 '평온하게 찬찬히 하며'라고 해석하였다.

須默無言說하고
수묵무언설

須防護雜念하며
수방호잡념

須知*受食은 但療形枯해서 爲成道業이니
수지수식 단요형고 위성도업

須念般若心經해서
수념반야심경

觀三*輪淸淨하여
관삼륜청정

不違道用하라
불위도용

반드시 잠잠히 말이 없어야 하고
반드시 잡된 생각은 막아 지켜야 하며
반드시 밥을 받는 것은 다만 몸의 허약함을 치료해서 도업을 이루기 위함인 것을 알아야 하니
반드시 반야심경을 생각해서
삼륜이 다 청정한 것을 관하여
도의 씀을 어기지 말라

* 知(지) ~ 須知(반드시 ~을 알아야 한다)의 知의 뜻이 爲成道業 이후에 새겨져야 하므로 그곳까지 줄갈이하지 않았다.
* 三輪(삼륜) ~ 시주한 물건, 시주한 사람, 시주받는 사람.

赴焚修하기를
부분수

須早暮勤行하고
수조모근행

自責懈怠하며
자책해태

知衆行次해서
지중행차

不得雜亂하라
부득잡란

수행하는 이가 향을 사뤄 도를 닦는 데 나아가기를
반드시 아침, 저녁에 부지런히 실행하고
스스로 게으름을 꾸짖을 것이며
대중이 행하는 차례를 알아서
뒤섞이어 어지럽게 말라

* 焚修(분수) ~ 숙어. 향을 피워 분향하여 도를 닦음.

*
讚唄祝願하되
찬 패 축 원

須誦文觀義하고
수 송 문 관 의

不得但隨音聲하며
부 득 단 수 음 성

不得韻曲不調하라
부 득 운 곡 부 조

　　*
瞻敬尊顔이요
첨 경 존 안

　　*
不得攀緣異境하라
부 득 반 연 이 경

찬패하고 축원하되
반드시 글을 외움에 뜻을 관조하고
다만 음성만을 따르지 말며
소리와 곡조를 고르지 않게도 말라
부처님의 거룩한 얼굴을 우러러 공경할 것이요,
다른 경계에 끄달리지 말라

* 讚唄(찬패) ~ 찬패, 패찬, 범패(梵唄). 부처님의 공덕을 찬미하는 노래.
* 尊顔(존안) ~ 존귀한 얼굴. 높은 이의 얼굴. 여기서는 부처님의 얼굴을 의미한다.
* 攀緣(반연) ~ 마음이 대상에 의지하여 작용함.

須知自身罪障이 猶如山海해서
수지자신죄장 유여산해

須知理懺事懺하여 可以消除하라
수지이참사참 가이소제

반드시 자신의 죄와 업장이 마치 산과 바다 같은 줄을 알아서
반드시 이치적으로는 뉘우치고 사변으로 참회하여 가히 이것을 녹여 없앨 줄 알라

* 첫 줄의 知의 뜻이 猶如山海 이후에 새겨져야 하고 둘째 줄의 知의 뜻이 可以消除 이후에 새겨져야 하므로 두 줄 다 知의 뜻이 미치는 곳까지 줄갈이하지 않았다.
* 理懺(이참) ~ 마음의 참회.
* 事懺(사참) ~ 행동의 참회.
* 以(이) ~ 여기서는 '이것을'이라는 대명사로 쓰였다.

深觀能禮所禮가 皆從眞性緣起해서
심관능례소례 개종진성연기

深信感應에 不虛하여 影響相從해야 한다
심신감응 불허 영향상종

예하는 이나 예를 받는 이가 모두가 참된 성품으로 좇아 인연하여 일어난 것을 깊이 관해서
감응함에 헛되지 아니하여 그림자나 메아리가 바탕을 따르듯 함을 깊이 믿어야 한다

* 여기서는 深觀과 深信이 '깊이 ~을 관할 것이며', '깊이 ~을 믿어야 한다.'라고 해석되므로 역시 관과 신이 포괄하는 내용은 한 줄 처리했다.
* 能禮所禮(능례소례) ~ 능과 소는 주체와 객체를 말한다. 그러므로 능례와 소례는 예하는 이와 예 받는 이다. 여기서 소례는 부처님이다.
* 相從(상종) ~ 그림자와 메아리가 서로간에 따른다는 의미가 아니라 그림자와 메아리가 그 본체, 즉 형상과 소리를 따르는 것을 말한다. 그래서 여기에서는 그 뜻이 통할 수 있도록 相자를 '바탕'이라고 해석하였다.

대원선사 수행지침

계초심학인문의 1장 첫째 단락에서는 초심자의 계를 전부 통괄하는 대계가 주어진다. 오계와 십계 등을 받아서 지니고, 범하고, 열고, 막는 것을 잘 알아야 한다는 대목이 바로 그것이다. 계를 지니되 범하고 열 줄도 알아야 한다는 것은 본분에 철저한 가운데 응하여 모자람이 없는 부처님의 무유정법(無有定法)을 생각케 하니 '지킨다'는 의미의 계를 주면서도 이렇게 지혜롭게 계를 초월한 계를 주실 수 있는 분은 부처님 뿐이라 아니할 수 없다. 이 사람은 깨달아서는 스스로 지은 보림구로 모든 계를 통괄하는 대계를 삼았다. 보림하는 중 시기마다 보림구를 정하여 중요한 굽이를 뛰어 넘었던 것이다. 그 중 하나의 보림구가 '무외응사 봉연불박(無外應事逢緣不縛)'이라는 구절인데 이는 '밖이 없음으로 일에 응하면 연을 만나도 얽매이지 않는다.'라고 풀이할 수 있다. 한 티끌 없는 가운데 분명한 깨달음의 경지에서 매사에

임하면 수수억겁의 어떠한 업과 인연이라도 능히 초월해 나아갈 수 있다는 데에서 지은 보림구였다. 만약에 깨닫지 못한 이라면 자신의 수행법을 일상에서 잊지 않는 것으로써 대계를 삼을 수도 있을 것이다. 이렇게 수행해 나아가는데 자신의 근기와 경지에 맞는 한 구절을 정해 항상 마음에 새기는 것도 계를 지켜가는 데 큰 힘이 될 것이라고 본다. 또한 자신의 행법을 갖지 못한 수행자라면 길을 가고자 하는 생각은 지니고 있지만, 아직 한 걸음도 내딛지 못한 이라 할 것이니, 반드시 바른 스승을 만나 정법의 지도를 받아야 할 것이다.

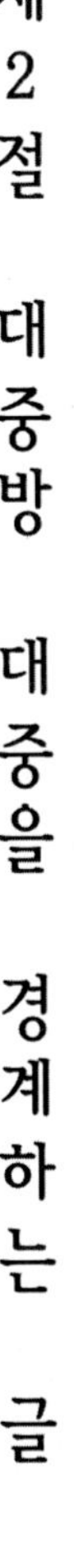

제2절 대중방 대중을 경계하는 글

居衆寮에는
거중요

須相讓不爭하고
수상양부쟁

須互*相扶護하며
수호상부호

愼諍論勝負하라
신쟁논승부

愼聚頭閒話하고
신취두한화

愼誤着他鞋하며
신오착타혜

愼坐臥越次하라
신좌와월차

대중방에 거처할 때에는
반드시 서로 양보하여 다투지 말고
반드시 서로서로 돕고 보호하며
다투어 토론해서 승부하기를 삼가라
머리를 모아 한가로운 말이나 하는 것을 삼가고
다른 사람의 신을 잘못 신는 것을 삼가며
앉거나 누울 때에 차례 어기기를 삼가라

* 互相(호상) ~ 相互, 互相 모두 '서로서로'라는 뜻이다.

對客言談에는
대객언담

不得揚於*家醜하고
부득양어가추

但讚院門*佛事*할지언정
단찬원문불사

不得*詣庫房*해서 見聞雜事하고서 自生疑惑하라
부득예고방 견문잡사 자생의혹

손님을 대하여 말할 때에는
집안 추함을 드러내지 말고
다만 절 집안의 불사를 찬탄할지언정
고방에 가서 잡된 일들을 보거나 듣고서 스스로 의혹을 내지 말아라

* 於(어) ~ 어조사. 여기서는 목적격 조사 '~을'로 쓰였다.
* 門(문) ~ 사전적 의미 중 '집안'이라는 의미로 해석하였다.
* 佛事(불사) ~ 부처님의 바른 법을 위해서 하는 모든 일.
* 不得의 뜻이 自生疑惑 이후에 새겨져야 하므로 그곳까지 줄갈이하지 않았다.
* 庫房(고방) ~ 살림살이를 넣어두는 방.

非要事인데
비요사

不得遊州獵縣하면서 與俗交通하므로 令他憎嫉하여
부득유주엽현 여속교통 영타증질

失自道情하라
실자도정

儻有要事出行에는
당유요사출행

告*住持人이나 及*管衆者하여
고주지인 급관중자

令知去處하라
영지거처

요긴한 일도 아닌데
고을을 찾거나 마을을 돌아다니면서 세속 사람들과 더불어 사귀어 통하므로 다른 이에게 미워하고 시기하게 하여
도의 뜻을 스스로 잃게 하지 말라
혹시 요긴한 일이 있어 나가 다니게 될 때에는
주지나 대중을 맡아 다스리는 이에게 고하여
가는 곳을 알게 하라

> * 告자의 뜻이 及管衆者 이후에 새겨져야 하므로 그곳까지 줄갈이하지 않았다.
> * 及(급) ~ 여기서는 '미치다', '이르르다' 등의 동사로 쓰인 것이 아니라 '와', '과', '및' 등으로 새겨지는 접속사로 쓰였다.

若入俗家에는
약 입 속 가

*
切須堅持正念해서
절 수 견 지 정 념

*
愼勿見色聞聲토록 流蕩邪心인데
신 물 견 색 문 성 　　　 유 탕 사 심

만일 속가집에 들 때에는
간절하게 반드시 바른 생각을 굳게 가져서
색을 보거나 소리를 듣고 삿된 마음으로 방탕하게 흐르지
말도록 삼가야 할 것인데

* 切須(절수) ~ 상용하는 문투. 切은 앞에서와 같이 다음에 오는 말의 의미를 강조하는 강세어로 쓰였다.
* 愼자의 뜻이 流蕩邪心 이후에 새겨져야 하므로 그곳까지 줄갈이하지 않았다.

又況披襟戱笑하며
우 황 피 금 희 소

亂說雜事하다가
난 설 잡 사

非時酒食으로
비 시 주 식

妄作無碍之行해서
망 작 무 애 지 행

深乖佛戒할 것인가
심 괴 불 계

又處賢善人이 嫌疑之間하면
우 처 현 선 인 혐 의 지 간

豈爲有智慧人也하겠는가
기 위 유 지 혜 인 야

또한 하물며 옷깃을 열어젖히고 희롱하여 웃으며
잡다한 일이나 어지럽게 지껄이다가
때 아닌 술과 음식으로
거리낌이 없는 행을 망령되게 지어서
부처님의 계율을 크게 어길 것인가
또한 어질고 착한 사람들이 혐의하는 데에 처하면
어찌 지혜 있는 사람이라 하겠는가

* 披襟(피금) ~ 숙어. '옷깃을 열어젖힌다'는 뜻.
* 之(지) ~ 관형격 조사의 새김 중 '~하는'으로 새겨져 '거리낌 없는 행'이라고 해석하였다.
* 處(처) ~ 處자의 뜻이 嫌疑之間 이후에 새겨져야 하므로 그곳까지 줄갈이하지 않았다.
* 之(지) ~ 관형격 조사의 새김 중 '~하는'으로 새겼다.
* 豈(기) ~ 의문적 표현보다는 주로 반어적 표현에 쓰이는 한자이다. 여기에서도 반어적 표현에 쓰였다.
* 也(야) ~ 의문, 평서, 감탄에 두루 쓰이는 대표적 어조사. 평서문에서는 판단, 결정의 어감을 표시하고 의문부사 何 등과 함께 쓰여 의문, 반문의 어감을 표시한다. 문장 가운데에서 쓰일 때에는 잠깐 멈추는 어감을 표시하기도 하고 구중에서는 '~도', '또한' 등의 부사로 쓰이기도 한다. 주로 종결사로 많이 쓰인다. 여기에서는 豈와 함께 쓰여 반어적 문장의 종결사로 쓰였다.

대원선사 수행지침

2절에서는 대중생활에 대해서 이야기하고 있다. 나는 항상 제자들에게 가르치기를, 남의 종이 되어주는 마음으로 살라고 한다. 남의 종이 되겠다고 마음 먹는 순간 안팎의 모든 마(魔)는 저절로 소멸된다. 아상이 없다면 사상(四相)이 있을 수 없고 사상 없는 가운데 남의 종이 되려는 하심과 자비심이면 어디에도 걸림이나 막힘이 없어 응하여 모자람이 없을 것이다. 발심과 신심 속에 아상을 내려놓아 사상 없는 본분에 철저한 가운데 지극한 자비심으로 대승의 원력을 낸다면 이는 구경성불의 그날로 나아갈 보림철칙이 아닐 수 없다. 내면으로부터 보시와 인욕을 실천케 하여 안팎의 모든 상을 다하게 하니 그야말로 육바라밀행도 여기서 모두 갖추어진다. 또한 모든 대중생활의 문제는 저절로 해결될 것이다.

제3절 선방 대중을 경계하는 글

住社堂은
주사당

愼沙彌同行하고
신사미동행

愼人事往還하며
신인사왕환

愼見他好惡하고
신견타호악

愼貪求文字하며
신탐구문자

愼睡眠過度하고
신수면과도

愼散亂攀緣해야 한다
신산란반연

큰 방(선방)에서 단체로 살고 있는 사람은
사미와 동행하는 것을 삼가고
사람들과의 일로 왕래하는 것을 삼가며
남의 좋고 나쁜 것을 보기를 삼가고
문자만을 탐구하는 것도 삼가며
잠자는 것이 정도에 지나침을 삼가고
산란한 반연을 삼가야 한다

若遇宗師陞座說法이거든
약 우 종 사 승 좌 설 법

切不得於法에 作懸崖想하여 生退屈心하거나
절 부 득 어 법 작 현 애 상 생 퇴 굴 심

或作慣聞想하여 生容易心하고
혹 작 관 문 상 생 용 이 심

만약 종사가 자리에 올라 설법함을 만나거든
결코 법에 대하여 낭떠러지에 매달린 듯한 생각을 일으켜 물러서 굴복하려는 마음을 내거나, 혹은 들어서 익숙해진 것이라는 생각을 일으켜 쉽게 여기는 마음을 내지 말고

* 切不得(절부득) ~ 切은 강세어로서 不得이 갖는 금지의 뜻을 더욱 강하게 한다. '절대로', '반드시', '결코', '완전히' 등으로 새겨지며 뒤에는 주로 부정이 온다. 여기서도 '결코 ~하지 말라'로 새겨져 금지를 강조하는 말로 쓰였다.
* 不得 즉 '~하지 말라'의 뜻이 生容易心 이후에 새겨져야 하므로 그곳까지 줄갈이하지 않았다.
* 於(어) ~ 어조사. 여기에서는 於의 기능 중 '~에 대하여'의 뜻으로 쓰였다.
* 作(작) ~ 문맥에 따라 사전적 의미 중 '일으켜'라는 뜻으로 해석하였다.

當須虛懷聞之*하면
당수허회문지

必有機*發之*時이니
필유기발지시

不*得隨學語者해서 但取口辨하라
부득수학어자 단취구판

마땅히 반드시 마음을 비우고 이것을 들으면
기필코 기틀을 발할 때가 있을 것이니
말만 배우는 사람을 따라서 단지 입으로 판별함을 취하지 말라

* 之(지) ~ 첫째 줄의 之. 대명사로 쓰여 '이것을'이라고 해석하였다. '이것을'이 가리키는 내용은 앞 문장의 '종사가 자리에 올라 설법함'이다.
* 機發(기발) ~ 機發은 깨달음을 의미하는데 여기서는 문리를 터득하는 데에 도움이 되게 하기 위해 최대한 직역해서 기틀을 발한다고 해석하였다.
* 之(지) ~ 둘째 줄의 之. 관형격 조사의 새김 중 문맥에 따라 '~할'로 새겨 '기틀을 발할 때'라고 해석하였다.
* 不得(부득) ~ 不得의 뜻이 但取口辨 이후에 새겨져야 하므로 그곳까지 줄갈이하지 않았다.

所謂蛇飮水하면 成毒하고 牛飮水하면 成乳로다
소위사음수　　성독　　우음수　　성유

智學은 成菩提하고 愚學은 成生死라 함이 是也이다
지학　성보리　　우학　성생사　　　시야

이른 바 '독사가 물을 마시면 독을 이루고 소가 물을 마시면 젖을 이룬다'라고 했다
'배움에 지혜로우면 보리를 이루고 배움에 어리석으면 생사를 이룬다'라 함이 이것이다

* 所謂(소위) ~ 소위 이후로부터 成乳까지 인용문이어서 소위의 해석이 인용문 이후에 '~라고 했다'는 데까지 미치고 있으므로 줄갈이하지 않았다. 智學으로부터 成生死까지도 역시 인용문이어서 줄갈이하지 않았다.
* 是(시) ~ 여기서는 是가 '옳다'라고 뜻으로 쓰인 것이 아니라 앞 구절, 즉 '독사가 물을 마시면 독을 이루고 소가 물을 마시면 젖을 이룬다'는 대목을 받는 대사(代詞)적인 기능으로 쓰였다.
* 也(야) ~ 어조사. 여기서는 也의 어조사 기능 중 평서문의 종결사로 쓰여 단정, 결정의 뜻을 나타내며 '다', '이다' 등으로 번역된다.

又不得於主法人에 生輕薄想하라
우부득어주법인 생경박상

因之於道에 有障하면
인지어도 유장

不能進修하리니
불능진수

切須愼之하라
절수신지

또한 법을 주관하는 이에게 경박한 생각을 내지 말라
이로 인해서 도에 장애가 있으면
능히 닦아 나갈 수 없을 것이니
간절히 반드시 이를 삼가라

* 不得(부득) ~ 역시 '~말라'는 의미로 쓰였으며, 不得의 뜻이 生輕薄想 이후에 새겨져야 하므로 그곳까지 줄갈이하지 않았다.
* 於(어) ~ 어조사. 여기에서는 여격 조사로 쓰였으며 문맥에 따라 첫째 줄의 於는 '~에게'로, 둘째 줄의 於는 '~에'로 해석하였다.
* 之(지) ~ 여기에서는 대명사로 쓰였다. 문맥에 따라 둘째 줄의 之는 '이로'로, 넷째 줄의 之는 '이를'로 해석하였다. 둘 다 '主法人에 生輕薄想'이라는 앞의 대목을 대신한다.
* 切須(절수) ~ 切은 앞에서와 같이 다음에 오는 말의 의미를 강조하는 강세어로 쓰였다.

論에 云*하기를 如*人이 夜行에 罪人이 執炬當路에
논　운　　　여인　야행　죄인　집거당로

若以人惡故로 不受光明하면 墮坑落塹去矣*라 하시니
약이인악고　불수광명　　타갱락참거의

논에 말씀하시기를 '어떤 사람이 밤에 길을 가는데 죄인이 횃불을 잡은 길을 만남에 만약 사람이 나쁘다는 이유로써 불빛까지 받지 않는다면 구덩이에 떨어지고 구덩이에 떨어져 갈 것이다.' 하셨으니

* 云(운) ~ 云 이후 墮坑落塹去矣까지 인용문이어서 云의 뜻이 그곳까지 미치고 있으므로 줄갈이하지 않았다.
* 如人(여인) ~ 숙어. 어떤 사람. 有人(유인)과 같음.
* 矣(의) ~ 어조사. 也와 같이 문장 끝에서 단정, 결정의 뜻을 나타낸다. 矣는 주로 시제, 의지, 추측과 관계되며 동태적(動態的)이다. 也는 이에 비해 정태적(靜態的)이다.

聞法之次에는
문 법 지 차

如履薄氷해서
여 리 박 빙

必須側耳目而聽玄音이며
필 수 측 이 목 이 청 현 음

肅情塵而賞幽致하다가
숙 정 진 이 상 유 치

법문을 들을 때에는
얇은 얼음을 밟는 것 같이 해서
기필코 반드시 귀를 기울여서 자세히 듣고 눈여겨보아 부사의한 소리를 들을 것이며
세속일의 뜻을 경계하여 심원함을 전하는 것을 찬양하다가

* 之(지) ~ 어조사 之의 기능 중 관형격 조사로 쓰였다.
* 側耳(측이) ~ 숙어. 귀를 기울여서 자세히 들음.
* 目(목) ~ 사전적 의미 중 '눈여겨본다'는 뜻으로 새겼다.
* 而(이) ~ '말 이을 이'. 순접, 역접의 접속사. 여기서는 순접의 접속사로 앞뒤 문장을 연결해주는 역할을 하였다. 순접의 접속사는 '~하고', '~하면서', '~하고서', '~하여', '~하자마자' 등으로 해석된다. 여기서는 문맥상 '~하여'로 해석하였다.
* 塵(진) ~ 속세. '속사(俗事)'라는 사전적 의미를 가지고 있다.
* 而(이) ~ 위에서와 같이 '~하여'로 해석하였다.

下堂後는
하당후

默坐觀之*하되
묵좌관지

如有所疑면
여유소의

博問先覺하고
박문선각

夕惕朝詢해서
석척조순

不濫*絲*髮하라
불람사발

당에서 내린 뒤에는
묵묵히 앉아서 이것을 관하되
의심되는 바가 있을 것 같으면
먼저 깨달은 이에게 널리 묻고
저녁의 걱정은 아침에 물어서
조금이라도 법에 어긋나지 말라

* 之(지) ~ 여기서는 구말(句末)에 대명사로 쓰였으므로 '이것'이라고 해석하였다. 앞의 '법문'을 대신한다.
* 濫(람) ~ 사전적 의미 중 '예나 법에 어긋나지 말라'라는 뜻을 취해 해석하였다.
* 絲髮(사발) ~ 숙어. '극히 적음'을 의미.

如是라야
여 시

乃可能生正信하여
내 가 능 생 정 신

以*道爲懷者歟*리라
이 도 위 회 자 여

이와 같아야

이에 가히 능히 올바른 믿음을 내어

도로써 편안한 이가 되리라

* 以(이) ~ 어조사. '~로써'라고 새긴다.
* 歟(여) ~ 어조사. 의문, 감탄, 추측의 뜻을 나타내는 종결사. 여기서는 앞의 내용으로 보아 추측의 뜻으로 쓰였다.

無始習熟한
무 시 습 숙

愛欲恚癡纏綿意地하여
애 욕 에 치 전 면 의 지

暫伏還起가
잠 복 환 기

如隔日瘧하니라
여 격 일 학

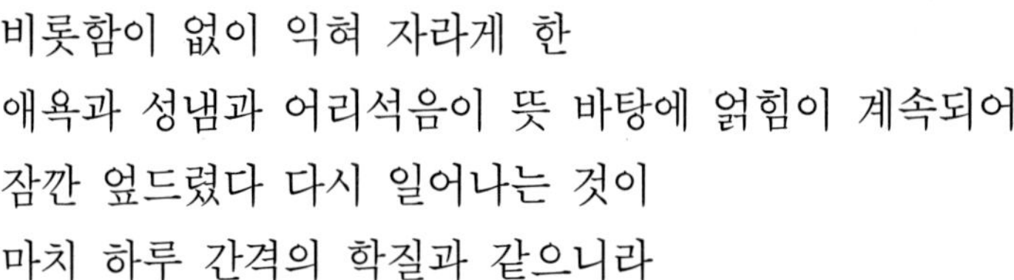

비롯함이 없이 익혀 자라게 한
애욕과 성냄과 어리석음이 뜻 바탕에 얽힘이 계속되어
잠깐 엎드렸다 다시 일어나는 것이
마치 하루 간격의 학질과 같으니라

一切時中에
일 체 시 중

*直須用加行方便智慧*之力해서
직 수 용 가 행 방 편 지 혜 지 력

痛自遮護커늘
통 자 차 호

*豈可閒謾해서
기 가 한 만

遊談無根하고
유 담 무 근

虛喪*天日하면서
허 상 천 일

欲冀心宗*而求出路*哉인가
욕 기 심 종 이 구 출 로 재

일체 때 가운데

즉시 반드시 방편과 지혜의 힘을 수행을 더하는 데 써서

스스로 할 수 있는 한 막고 보호해야 하거늘

어찌 가히 한가롭게 게으름을 피워서

근거없는 말이나 즐기고

나날이 수명을 헛되이 잃어버리면서

마음의 근본을 바라고 벗어날 길을 찾겠는가

* 直(직) ~ 直은 사전적 의미 중 '즉시'로 해석하였다.
* 之(지) ~ 관형격 조사 '~의'로 쓰였다.
* 豈(기) ~ 반어부사. 반어적 문장에 쓰인다. 여기서도 역시 그렇게 쓰였다.
* 天(천) ~ '수명', '목숨'이라는 사전적 의미를 가지고 있다.
* 而(이) ~ 순접의 접속사로 쓰였다. 여기서는 '~하고'로 해석하였다.
* 哉(재) ~ 어조사. 감탄, 영탄에 주로 쓰이며 의문, 반어, 명령에도 쓰인다. 여기서는 의문종결사로 쓰였다. 반어부사인 豈와 함께 쓰여 반어부사 + 의문종결사 형태의 반어형 문장을 이루었다.

但堅志節하고
단견지절

責躬匪懈하며
책궁비해

知非遷善하여
지비천선

改悔調柔어다
개회조유

한결같이 뜻과 절개를 굳게 하고
몸을 꾸짖어 게으름을 피우지 아니하며
허물을 알면 선으로 바꾸어
뉘우쳐 고쳐서 좇아 길들일지어다

勤修而*觀力이
근 수 이 관 력

轉深하고
전 심

鍊磨而*行門이
연 마 이 행 문

益淨하리라
익 정

부지런히 닦으면 관하는 힘이
더욱 깊어지고
단련하고 갈면 수행의 문이
더욱 깨끗하리라

* 而(이) ~ 순접의 접속사. 첫째 줄, 셋째 줄 모두 '~하면'으로 해석하였다.

長起難遭之*想하면
장기난조지상

道業이 恒新하고
도업 항신

常懷慶*幸之*心하면
상회경행지심

終不退轉하리라
종불퇴전

길이 만나기가 어렵다는 생각을 일으키면
도업이 항상 새롭고
항상 다행하고 경사스러운 일이라는 마음을 품으면
끝내 물러나지 않으리라

* 之(지) ~ 관형격 조사 '~의'. '난조의 상'이라 새기고 이를 다시 풀이하여 '만나기가 어렵다는 생각'으로 해석하였다.
* 慶幸(경행) ~ 숙어. 다행으로 얻은 경사스러운 일.
* 之(지) ~ 관형격 조사 '~의'. '경행의 마음'이라 새기고 이를 다시 풀이하여 '다행하고 경사스러운 일이라는 마음'으로 해석하였다.

如是久久하면
여시구구

自然定慧圓明해서
자연정혜원명

見自心性하며
견자심성

이와 같이 오래 오래 하면
자연히 정과 혜가 두렷이 밝아져서
스스로 마음의 성품을 볼 것이며

用如幻悲智해서
용여환비지

還度衆生하여
환도중생

作人天大福田하리니
작인천대복전

切須勉之*어다
절수면지

요술 같은 자비와 지혜를 써서
중생을 돌이켜 제도하여
인간과 천상의 큰 복밭을 지으리니
간절하게 반드시 이것을 힘쓸지어다

* 之(지) ~ 여기서는 구말(句末)에 대명사로 쓰였다.

대원선사 수행지침

선방(禪房)의 수행자라면, 우선 불법의 첫째가는 도리인 깨달음을 추구하는 수행에 전념해야 할 것이다. 간화선을 하는 이라면 화두를 참구하는 그것이, 염불선을 하는 이라면 염불하는 마음 그것이 용광로가 되어서 다른 인생관이나 잡념은 용광로의 한 점 눈처럼 발붙일 수 없어야 한다.
이 한 몸, 이 인생조차 이슬과 같이 여겨 따로 보는 마음이 없어야 하거늘, 근간에는 승려들까지 돈과 명예로 다투는 일이 비일비재하니 있을 수 없는 일이라 아니할 수 없다.
또한, 설사 불법의 첫째가는 도리인 깨달음을 성취했다 해도 그것은 공부의 끝이 아니다. 오후보림(悟後保任)을 통해 업을 다해야만 누진통을 이루어 육신통을 자재할 수 있게 되는 것이다. 일상에 육신통을 자재하는 구경 본분의 경지일 때 비로소 공부를 마쳤다 할 것이다. 그런데 제방의 선방 사정을 보자면 이런 무궁무진한 공부는 그만두고 목적지에 이르는 길도 몰라 노정길을 묻고 있는 격이다. 무(無)자와 이뭐꼬 화두가 최고라 하면서도 실제 실참조차 하지 못하고 있기 때문이다. '이 무엇인고?' 하면서 이 눈으로 보려 한다면 경계 위에서 찾는 것이어서 억만 겁을 두고 찾아도 찾을 수 없다. 그러므로 깨달아 일체종지를 이룬 스승의 분명한 안목의 지도가 없다면 화두를 들든, 관법을 행하든, 염불을 하든 깨달음을 기약한다는 것이 정말 어렵다 할 것이다.

또 하나, 선을 하는 분들이 기도나 염불 등 다른 수행방법을 무시하거나, 계행을 가볍게 여기고, 불보살님에 대한 신심이 없이 마치 아만이 선(禪) 수행인의 바람직한 기질인 양 여기는 경우가 많다. 그러나 선을 바로 안다면 모든 수행법은 오히려 선으로 통한다. 인연과 근기에 맞는 수행법으로 수행하고 지도해야 할 것이다. 또한 선을 한다 하여 막행막식하며 계행을 어기기를 밥먹듯 한다면 이는 수행자라 할 수도 없다.

또한 불보살님에 대한 신심을 가볍게 여긴다면 수수억겁 동안 익힌 습과 인연의 마장이 크게 닥칠 때 스스로의 선정과 지혜로 감당하지 못하여 쉽게 퇴전하게 될 것이다. 물론 상으로 숭배하고 기복에 치우쳐 묶이는 것은 정법이라 할 수 없다. 그러나 신심의 불꽃이 꺼진다면 그것은 곧 퇴전이다. 내면의 아만이 녹아내릴 때 비로소 신심의 불이 타오르고 신심의 불이 타오를 때 법에 대해 감사하는 마음, 불보살님과 선지식에 대한 감사하는 마음이 충만해지고 더불어 세상 모든 것이 다 감사해서, 남을 위한 대보살심을 내게 된다. 이러할 때 어찌 불상이 상(相)이겠는가. 다기물 한 번 올리는 것, 촛대 한 번 닦는 것도 정성을 다하게 된다. 이러한 지극한 마음, 지극한 신심으로 일거수일투족을 할 때 이 법을 듣는 데 있어서야 어떻겠는가? 공부에 있어서도 역시 성불의 길에 이르기까지 한시도 퇴전하지 않게 되는 것이다.

발심수행장
發心修行章

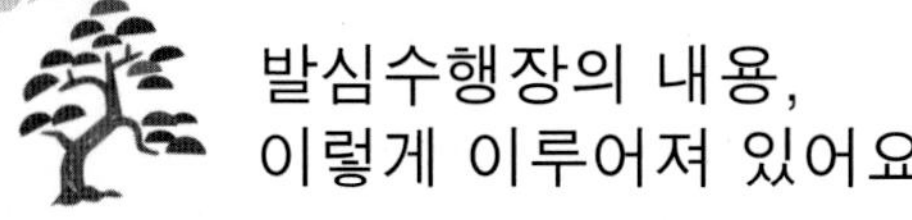

발심수행장의 내용, 이렇게 이루어져 있어요

발심수행장은 신라 원효 대사가 지은 글로서 불교 초심자에게 적절한 입문서라고 할 수 있다. 따라서 계초심학인문과 더불어 사미승이 제일 먼저 읽는 교과서적인 글로서 현새까지 1천여 년간 사용되고 있다. 명문의 문장으로, 계초심학인문이 수행자의 자세한 생활계율을 다룬 점이 있다면 발심수행장은 스스로의 수행에 대해 간절하고 절실한 마음을 갖도록 경책한 글로서 보시(布施), 정진(精進), 지계(持戒), 지혜(智慧), 인욕(忍辱)을 수행법으로 제시하고 있다.

*夫諸佛諸佛이 莊嚴寂滅宮은
부제불제불　장엄적멸궁

*於多劫海에 捨欲苦行이요
어다겁해　사욕고행

衆生衆生이 輪廻火宅門은
중생중생　윤회화택문

*於無量世에 貪慾不捨니라
어무량세　탐욕불사

대저 모든 부처님과 모든 부처님들이 적멸궁을 장엄함은
많은 겁바다에 욕심을 버리고 고행을 했기 때문이요
중생과 중생들이 불집 문을 윤회함은
한량없는 세상에 탐욕을 버리지 못했기 때문이니라

* 夫(부) ~ 발어사. 夫는 발어사로 쓰일 때 '무릇', '대저'라고 해석된다.
* 於(어) ~ 이런 경우 발어사로 새겨 '저'라고 해석되는 경우도 있고, 시기나 장소를 나타내는 말 앞에 쓰였으므로 '~에', '~에서'라고 해석되는 경우도 있다.
* '때문이요', '때문이니라'라고 새긴 부분은 어기에 해당하는 한자가 있는 것은 아니지만 문맥을 따라 이렇게 해석하였다.

無防天堂에 少往至者는
무방천당 소왕지자

三毒煩惱로 爲自家財요
삼독번뇌 위자가재

無誘惡道에 多往入者는
무유악도 다왕입자

四蛇五欲으로 爲妄心寶니라
사사오욕 위망심보

막음 없는 천당에 가서 이르는 사람 적은 것은
삼독과 번뇌로 자기 집 재물을 삼았기 때문이요
꾀임 없는 악도에 가서 들어가는 사람 많은 것은
네 가지 뱀과 다섯 욕심으로 망령된 마음을 보배로 삼았기 때문이니라

* 三毒(삼독) ~ 탐진치(貪嗔痴). 탐내는 마음, 성내는 마음, 어리석은 마음.
* 四蛇(사사) ~ 몸을 이루는 지수화풍(地水火風)의 사대(四大).
* 五欲(오욕) ~ 재욕(財欲), 색욕(色欲), 식욕(食欲), 명예욕(名譽欲), 수면욕(睡眠欲).
* '때문이요', '때문이니라'라고 새긴 부분은 여기에 해당하는 한자가 있는 것은 아니지만 문맥을 따라 이렇게 해석하였다.

人誰不欲歸山修道리오만
인 수 불 욕 귀 산 수 도

*而爲不進은 愛欲所纏이니라
이 위 부 진 애 욕 소 전

*然而不歸山藪修心이라도
연 이 불 귀 산 수 수 심

隨自身力해서 不捨善行이어다
수 자 신 력 불 사 선 행

사람이면 누군들 산에 돌아가 도를 닦고자 하지 않으리오만
나아가 하지 못하는 것은 애욕에 묶인 바이니라
그러나 산 깊은 곳에 돌아가 마음을 닦지는 못 할지라도
자신의 힘을 따라서 선행을 버리지 말지어다

* 而(이) ~ 접속사. 여기서는 역접의 조사로 쓰였다.
* 然而(연이) ~ '그리고' 혹은 '그러나'. 여기서는 '그러나'로 쓰였다.

自樂을 能捨하면 信敬如聖이요
자락 능사 신경여성

難行을 能行하면 尊重如佛이니라
난행 능행 존중여불

慳貪於*物은 是*魔眷屬이요
간탐어물 시마권속

慈悲布施는 是*法王子니라
자비보시 시법왕자

자신의 낙을 능히 버리면 성인같이 믿고 공경할 것이요
어려운 일을 능히 행하면 부처와 같이 존중하느니라
재물을 아끼고 탐하는 것, 이것이 마군의 권속이요
자비로 보시하는 것, 이것이 법왕의 자손이니라

* 於(어) ~ 어조사. 여기서는 구중에서 목적격 조사의 구실을 하였다. '~을'로 새겼다.
* 是(시) ~ 두 번 다 앞의 말을 받는 대명사로 쓰였다. '이것'으로 새겼다.

高嶽峩巖은 智人所居요
고악아암　지인소거

碧松深谷은 行者所捿니라
벽송심곡　행자소서

飢飡*木果하여 慰其飢腸하고
기손목과　위기기장

渴飮流水하여 息其渴情*이니라
갈음유수　식기갈정

높은 산과 솟은 바위는 지혜로운 사람이 살 곳이요
깊은 골짝 푸른 솔은 수행자가 깃들 곳이니라
주리면 나무 열매를 먹어 그 주린 창자를 위로하고
목 마르면 흐르는 물을 마셔 그 갈정을 쉴 것이니라

* 飡(손) ~ '저녁밥 손'. 사전적 의미 중 '먹는다'는 뜻으로 새겼다.
* 渴情(갈정) ~ 여기서 情은 '형편', '상태', '뜻' 등으로 새겨질 수 있다. 그러므로 渴情은 '목마른 형편', '목마른 뜻', 혹은 '목마름' 등으로 해석할 수 있다.

喫甘愛養해도 此身은 定壞이고
끽감애양　　　차신　정괴

着柔守護해도 命必有終이니라
착유수호　　　명필유종

助響巖穴로 爲念佛堂하고
조향암혈　　위염불당

哀鳴鴨鳥로 爲歡心友니라
애명압조　　위환심우

맛있는 것을 먹어서 아껴 길러도 이 몸은 반드시 무너지고
부드러운 옷을 입혀서 지키고 보호해도 목숨은 반드시 마침이 있느니라
메아리 돕는 바위굴로 염불당을 삼고
오리와 새의 사랑하는 음향으로 기쁘게 마음의 벗을 삼느니라

拜膝이 如氷이라도 無戀火心하고
배슬　여빙　　　무련화심

餓腸이 如切이라도 無求食念이니라
아장　여절　　　무구식념

忽至百年이거늘 云何*不學이며
홀지백년　　　운하불학

一生이 幾何*인데 不修放逸인가
일생　기하　　불수방일

절하는 무릎이 얼음 같을지라도 불을 그리워하는 마음이 없어야 하고
주린 창자가 끊어질 것 같을지라도 먹을 것을 구하는 생각이 없어야 하느니라
문득 백년에 이르거늘 어찌하여 배우지 않을 것이며
한평생이 얼마인데 닦지 않고 방일할 것인가

* 云何(운하) ~ '어찌하여', '어떠한가', '어떠할꼬' 등으로 새겨진다. 如何와 같다. 여기서는 '어찌하여'의 뜻으로 쓰였다.
* 幾何(기하) ~ '얼마', '몇'. 幾許와 같다. 여기서는 '얼마'의 뜻으로 쓰였다.

離心中愛를 是*名沙門이요
이심중애　시명사문

不戀世俗을 是*名出家니라
불연세속　시명출가

行者羅*網은 狗被象皮요
행자나망　구피상피

道人戀懷는 蝟入鼠宮이니라
도인연회　위입서궁

마음 가운데 애착을 여읜 것, 이것을 사문이라 이름하고
세속을 그리워하지 않는 것, 이것을 출가라고 이름하니라
수행자가 비단을 걸치는 것은 개가 코끼리가죽을 입음이요
도인이 그리움을 품는 것은 고슴도치가 쥐집에 든 것이니라

* 是(시) ~ 대명사. 두 번 다 앞의 말을 받았다.
* 羅網(나망) ~ 대개 '비단옷'이라고 의역된다. 여기서는 직역하여 羅자를 '비단'으로 새기고, 網자를 사전적 의미 중 '싸다', '덮다', '가리다'의 뜻을 취해 새겨서 '비단을 걸치는 것'이라고 해석하였다.

雖有才智라도 居邑家者는
수유재지 거읍가자

諸佛이 是*人에게 生悲憂心하고
제불 시인 생비우심

設無道行이라도 住山室者는
설무도행 주산실자

衆聖이 是*人에게 生歡喜心하느니라
중성 시인 생환희심

비록 재주와 지혜가 있더라도 마을의 집에 사는 이는
모든 부처님들이 이 사람에게 슬퍼하고 근심하는 마음을 내고
설사 도를 수행하지 않더라도 산집에 사는 이는
뭇 성현들이 이 사람에게 기뻐하고 기뻐하는 마음을 내느니라

* 是(시) ~ 두 번 다 대명사로 쓰였다. 居邑家者와 住山室者를 받았다.

雖有才學해도 無戒行者는
수유재학 무계행자

如寶所導而*不起行이고
여보소도이불기행

雖有勤行해도 無智慧者는
수유근행 무지혜자

欲往東方而*向西行이니라
욕왕동방이향서행

비록 배움에 재주가 있다 해도 계와 행이 없는 이는
보배의 곳에 인도해도 일어나 가지 않음과 같고
비록 부지런히 닦음은 있다 해도 지혜가 없는 이는
동쪽으로 가고자 하나 서쪽을 향해 가고 있는 것이니라

* 而(이) ~ 두 번 다 역접의 접속사로 쓰였다. 역접으로 쓰일 때는 '~하나', '~하되', '~한데', '~하지만', '~해도' 등으로 새겨진다. 앞의 것은 '~해도'로, 뒤의 것은 '~하나'로 새겼다.

有智人의 所行은 蒸米作飯이요
유지인 소행 증미작반

無智人의 所行은 蒸沙作飯이니라
무지인 소행 증사작반

共知喫食而*慰飢腸하면서도
공지끽식이위기장

不知學法而*改癡心이구나
부지학법이개치심

行智具備는 如車二輪이고
행지구비 여거이륜

自利利他는 如鳥兩翼이니라
자리이타 여조양익

지혜 있는 사람의 수행하는 바는 쌀을 쪄서 밥을 짓는 것이요
지혜 없는 사람의 수행하는 바는 모래를 쪄서 밥을 지으려는 것이니라
밥을 먹어 주린 창자를 위로할 줄은 다 같이 알면서도
법을 배워서 어리석은 마음을 고칠 줄은 알지 못하는구나
행과 지혜를 구비함은 차의 두 바퀴와 같고
자기도 이롭고 하고 남도 이롭게 하는 것은 새의 두 날개와 같으니라

* 而(이) ~ 접속사. 두 번 다 순접으로 쓰였다. '~하여'로 새겼다.

得粥祝願하나 不解其意하면
득죽축원 불해기의

亦不檀越에게 應羞恥乎*아
역불단월 응수치호

得食唱*唄하나 不達其趣하면
득식창패 부달기취

亦不賢聖에게 應慚愧乎아
역불현성 응참괴호

人惡尾蟲이 不辨淨穢하듯
인오미충 불변정예

聖憎沙門도 不辨淨穢니라
성증사문 불변정예

죽을 얻어 축원하나 그 뜻을 알지 못한다면
또한 신도에게 마땅히 부끄럽고 부끄럽지 아니한가
밥을 얻어 염불하나 그 뜻을 깨닫지 못했다면
또한 성현들에게 마땅히 부끄럽고 부끄럽지 아니한가
사람이 꼬리 달린 벌레가 깨끗하고 더러움을 분별하지 못함을 미워하듯이
성현들께서도 사문이 깨끗하고 더러움을 분별하지 못하는 것을 미워하느니라

* 乎(호) ~ 의문, 영탄, 반어, 호격의 어조사. 여기서는 반어형 문장을 형성하는 종결사로 쓰였다.
* 唱唄(창패) ~ '부를 창', '염불소리 패'. '염불'이라 새겼다.

棄世間喧하고 乘空天上하려면
기세간훤 승공천상

戒爲善梯니
계위선제

是故로 破戒하고 爲他福田은
시고 파계 위타복전

如折翼鳥負龜翔空이니라
여절익조부귀상공

自罪를 未脫하고 他罪를 不贖이니라
자죄 미탈 타죄 불속

然이거니 豈無戒行인데 受他供給이리오
연 기무계행 수타공급

세간의 시끄러움을 버리고 허공을 타고 하늘에 오르려면
계가 좋은 사다리가 되는 것이니
이런 고로 계를 파하고 남의 복밭이 되려는 것은
날개 꺾인 새가 거북이를 등에 업고 허공을 날려는 것과 같으니라
제 죄를 벗지 못하고 남의 죄를 면제받아 주지 못하니라
그렇거니 어찌 계를 수행함 없는데 남이 공양을 주는 것을 받으리오

* 是(시) ~ 앞의 말을 받는 대사(代詞)적 기능으로 쓰였다.

無行空身은 養無利益이고
무행공신 양무이익

無常浮命은 愛惜不保니라
무상부명 애석불보

望龍象德커든 能忍長苦하고
망용상덕 능인장고

期獅子座커든 永背欲樂이니라
기사자좌 영배욕락

行者心淨하면 諸天이 共讚하고
행자심정 제천 공찬

道人이 戀色하면 善神이 捨離니라
도인 연색 선신 사리

수행함이 없는 헛된 몸은 길러도 이익이 없고
무상한 뜬 목숨은 사랑하고 아까워해봤자 보존하지 못하니라
용상의 덕을 바라거든 능히 긴 고통을 참고
사자의 자리를 기약하려거든 길이 욕심과 즐거움을 등져야 하느니라
수행자의 마음이 깨끗하면 모든 하늘이 함께 칭찬하고
도인이 색을 그리워하면 선신이 버리고 떠나느니라

四大忽散이라 不保久住니
사대홀산　　불보구주

今日夕矣요 頗行朝哉니라
금일석의　파행조재

世樂이 後苦거늘 何貪着哉인가
세락　후고　　하탐착재

一忍이 長樂이거늘 何不修哉인가
일인　장락　　하불수재

道人貪은 是行者羞恥요
도인탐　시행자수치

出家富는 是君子所笑니라
출가부　시군자소소

사대는 홀연히 흩어지는 것이라 오래 머물러 보존하지 못하니
오늘 하면 저녁이요, 조금 가면 아침이니라
세간의 낙, 뒷날 고생이거늘 어찌하여 탐하고 집착하는가
한 번 참으면 긴 낙이거늘 어찌하여 닦지를 않는가
도인이 탐하는 것, 이것이 수행하는 이의 수치요
출가한 이의 부, 이것이 군자의 웃을 바니라

* 矣(의) ~ 평서문에 있어서 단정, 결정의 어조사로 많이 쓰이고, 의문, 반어, 한정('~뿐')의 어조사로도 쓰인다. 여기서는 구 끝에서 다음 말을 일으키는 어조사로 쓰였다.
* 哉(재) ~ 어조사. 구중이나 구말에서 영탄, 강조, 반어, 완료의 뜻으로 쓰인다. 두 번째, 세 번째 哉는 의문부사 '何'와 함께 쓰여 의문형 문장을 만드는 종결사로 쓰였다.
* 是(시) ~ 두 번 다 앞의 말을 받는 대명사로 쓰였다.

遮言이 不盡이거늘 貪着不已하고
차언 부진 탐착불이

第二無盡이거늘 不斷愛着하며
제이무진 부단애착

此事無限이거늘 世事不捨하고
차사무한 세사불사

彼謀無際거늘 絶心不起구나
피모무제 절심불기

막는 말이 다함이 없거늘 탐착해서 버리지 못하고
다음이라는 것이 다함이 없거늘 애착하여 끊지 못하며
이런 일이 한이 없거늘 세상 일을 버리지 못하고
저 꾀함이 정도가 없거늘 끊을 마음 일으키지 못하는구나

今日不盡이거늘 造惡日多하고
금일부진 조악일다

明日無盡이거늘 作善日少하며
명일무진 작선일소

今年不盡이거늘 無限煩惱하고
금년부진 무한번뇌

來年無盡이거늘 不進菩提구나
내년무진 부진보리

오늘이 다함이 없거늘 악을 짓는 날은 많고
내일이 다함이 없거늘 선을 짓는 날은 적어지며
금년이 다함이 없거늘 한없이 번뇌하고
내년이 다함이 없거늘 보리에 나갈 줄은 모르는구나

時時移移하여 速經日夜하고
시시이이 속경일야

日日移移하여 速經月晦하며
일일이이 속경월회

月月移移하여 忽來年至하고
월월이이 홀래년지

年年移移하여 暫到死門이라네
연년이이 잠도사문

시간시간 가고 가서 낮과 밤이 속히 지나가고
하루하루 가고 가서 한 달 그믐이 속히 지나가며
달과 달이 가고 가서 문득 새해가 이르러 오고
년과 년이 가고 가서 별안간 죽음의 문에 이른다네

破車不行이듯 老人不修니라
파거불행　　노인불수

臥生懈怠하고 坐起亂識이니라
와생해태　　좌기난식

幾生不修하고 虛過日夜며
기생불수　　허과일야

幾活空身커늘 一生不修인고
기활공신　　일생불수

身必有終하리니 後身은 何*乎*아
신필유종　　후신　하호

莫速急乎*아 莫速急乎*아
막속급호　막속급호

부서진 수레가 갈 수 없듯 늙은 사람은 닦을 수 없느니라
누워서는 게으름만 피우고 앉아서는 어지러운 분별만 일으키느니라
몇 생을 닦지 않고 낮과 밤을 헛되이 보냈으며
몇 번을 헛된 몸으로 살았거늘 한 평생 닦지 않는고
몸뚱이는 반드시 마침이 있을 것이니 뒷몸은 어찌하려는가
빠르니 급하지 않은가 빠르니 급하지 않은가

* 何乎(하호) ~ 의문부사 + 의문종결사로 의문형 문장을 이루었다.
* 乎(호) ~ 두 번째, 세 번째의 乎는 반어형 문장을 이루는 데 쓰였다.

대원선사 수행지침

신심, 발심, 분심은 셋이 아니다. 간절한 신심은 법을 바르게 아는 데에서 저절로 이루어진다. 깨달아 사무친 경지에 대한 확신은 최고의 신심이다. 나 자체가 그 신(信)이요, 신 자체가 바로 나 자체여서 신심명의 마지막 구절처럼 둘 아닌 신심으로 충만할 때 발심 역시 둘 아닌 가운데 한결같을 것이다. 이러한 신심과 발심은 성불지까지 이르르게 하는 가장 큰 힘, 추진력이다. 깨닫지 못한 분에게 있어서는 불법에 대한 신심, 불보살님에 대한 신심, 선지식에 대한 신심, 불도를 닦는 일과 수행자들에 대한 신심이 깨달음에 이르르는 힘이 된다 할 것이다. 모양도 빛깔도 없는 스스로의 성품에 사무쳐 영원한 해탈락을 누리는 경지를 일러주신 법과 불보살님에 대한 감사한 마음을 잊지 않는 것이 신심과 발심의 첫 바탕이다. 또한 불법이 이러해서 모두 부처와 같은 본유한 성품과 그 지혜, 능력을 지니고 있건만 스스로 지은 바, 업의 굴레 속에서 본유한 성품을 깨닫지 못하고 그 성품의 지혜와 역량을 자유자재 발휘하여 본연한 극락을 누리지 못하는 것에 대한 원통한 마음이 분심이다. 더불어 인연 있고 인연 없는 모든 생명들이 다함께 이러한 영원한 생명과 기쁨의 일상을 누렸으면 좋겠다는 간절한 보살심과 꼭 그렇게 해야겠다는 뜻에서 세운 절절한 원력이 신심, 발심, 분심을 머무름 없는 가운데 가일층 강력하게 해준다.

자경문
自警文

자경문의 내용,
이렇게 이루어져 있어요

자경문은 고려 야운 화상이 지은 글로서 수행자가 스스로를 일깨워 경책하는 내용으로 되어 있다. 처음에는 법의 뛰어남과 법이 약해진 말세의 장애를 경계하였으며, 둘째로는 이를 스스로 늘 경책하게 하기 위해 열 가지 계법을 주었으며, 셋째로는 이러한 계법을 방편으로 하여 닦아서 스스로 해탈하고 미혹한 중생을 제도할 것을 권유하고 있다. 금계, 즉 금하는 계율의 문장에 계초심학인문과는 달리 莫과 不, 勿 등이 다양하게 쓰이고 있다. 이는 '~말라', '절대 ~말라' 등으로 해석하고, 切莫은 '절대 ~말라'로 해석하였다.

제 1 절 경계하는 글

主人公아 聽我言하라
주인공　　청아언

幾人이 得道空門裏거늘
기인　　득도공문리

汝何長輪苦趣中고
여하장륜고취중

주인공아, 나의 말을 들어라
몇 사람들이 공문 속에서(불법에서) 도를 얻었거늘
너는 어찌하여 고취 가운데서 길이 윤회하는고

* 主人公(주인공) ~ 자신의 참나를 스스로 이르는 말.
* 苦趣(고취) ~ 고통의 갈래. 고통의 세계. 지옥, 아귀, 축생의 중생들.

汝自無始已來로 至于今生이
여 자 무 시 이 래 　 지 우 금 생

背覺合塵하여 墮落愚癡하여서는
배 각 합 진 　 타 락 우 치

恒造衆惡而入三途之苦輪하고
항 조 중 악 이 입 삼 도 지 고 륜

不修諸善而沈四生之業海로다
불 수 제 선 이 침 사 생 지 업 해

너는 비롯함 없는 이래로부터 금생에 이르기까지
깨달음을 등지고 티끌에 합하여 어리석고 어리석음에 떨어지고 떨어져서는
항상 많은 악업을 지어 삼도의 고의 바퀴에 들고
모든 선을 닦지 않아 사생의 업바다에 잠겼도다

* 自(자) ~ '스스로 자'. 어조사로 쓰일 때 '~부터', '~에서' 등으로 새긴다.
* 至于(지우) ~ '~에 이르기까지'로 새겨진다.
* 塵(진) ~ '티끌 진'. 塵은 사전적 의미로 육진(六塵)이라는 뜻도 가지고 있다. 육진은 인간의 관능을 자극하여 해탈에 방해가 되는 것이다.
* 而(이) ~ 두 번 다 순접의 접속사로 쓰여 '~하여'로 새겼다.
* 三途(삼도) ~ 삼악도. 지옥, 아귀, 축생.
* 之(지) ~ 두 번 다 관형격 조사 '~의'로 쓰였다.
* 四生(사생) ~ 육도중생을 태어나는 법에 따라 분류한 네 갈래. 태로 낳은 것, 알로 낳은 것, 습기로 낳은 것, 화하여 낳은 것.

身隨六賊故로 或墮惡趣則極辛極苦하며
신수육적고　　혹타악취즉극신극고

心背一乘故로 或生人道則佛前佛後로다
심배일승고　　혹생인도즉불전불후

今亦幸得人身이나 正是佛後末世니
금역행득인신　　　정시불후말세

嗚呼痛哉라 是誰過歟아
오호통재　　시수과여

몸뚱이인 여섯 가지 도적을 따른 까닭으로 혹 악취에 떨어졌을 때에는 극도로 고생스럽고 극도로 괴로웠으며
마음에 일승을 등진 까닭으로 혹 사람의 길에 태어났을 때에도 부처님 전이나 부처님 뒤였도다
지금도 역시 다행히 사람 몸을 얻었으나 바로 이 부처님 뒤의 말세이니
오호 슬프도다. 이것이 누구의 허물인가

* 六賊(육적) ~ 육진(六塵), 즉 색성향미촉법을 말하기도 하고 육식(六識), 즉 안이비설신의식을 말하기도 한다. 여기서는 육식의 뜻으로 새겨 몸뚱이인 여섯 도적이라고 해석하였다.
* 則(즉) ~ 여기서는 어조사로 쓰여 '~할 때에는'으로 새겼다.
* 哉(재) ~ 어조사. 여기서는 감탄사 嗚呼와 함께 쓰여 감탄형 문장을 이루는 종결사로 쓰였다.
* 歟(여) ~ 구말에서는 반어나 감탄의 어감으로 많이 쓰인다.

雖然이나 汝能反省하고 割愛出家하여
수연 여능반성 할애출가

受持應器하고 着大法服하여서
수지응기 착대법복

履出塵之逕路하여
이출진지경로

學無漏之妙法하면
학무루지묘법

如龍得水고 似虎靠山이니
여룡득수 사호고산

其殊妙之理는 不可勝言이니라
기수묘지리 불가승언

그러나 그대가 능히 반성하고 애착을 끊어버리고 출가하여
발우를 받아지니고 큰 법복을 입어서
속세를 벗어나는 지름길을 밟아
샘이 없는 묘법을 배운다면
용이 물을 얻음 같고 호랑이가 산을 의지함 같으니
그 뛰어나게 묘한 이치는 말로는 할 수 없느니라

* 雖然(수연) ~ 역접의 접속사. '~라 하더라도', '~이지만', '~라고는 하지만', '그러나' 등으로 새겨진다.
* 應器(응기) ~ 출가인이 항상 지니는 물건의 하나인 발우이다. 율장에 의해서 불교 수행자는 정해진 그릇을 사용하지 않으면 안 되는 곳에서 밥을 받는 그릇, 바리때를 응기 혹은 응량기라 했다.
* 塵(진) ~ '티끌 진'. 사전적 의미 중 '속세'라는 뜻을 취해 번역하였다.
* 之(지) ~ 세 번 다 관형격 조사로 쓰였다. 문맥에 따라 첫 번째와 두 번째 之는 '~하는'으로 새기고, 세 번째 之는 '~한'으로 새겼다.
* 無漏(무루) ~ 有漏 즉 샘이 있다는 것은 여섯 기관인 육근이 육경을 향하고 떨어져 물드는 바가 있으므로 번뇌가 있음이요, 무루는 향하고 떨어져 물드는 바가 없어 번뇌를 다함이다.
* 妙法(묘법) ~ 진공묘유의 법.
* 不可(불가) ~ '안됨'. '못함'. '할 수 없음'. '옳지 않음' 등으로 새겨지는데 여기에서는 '할 수 없다'는 뜻으로 쓰였다.

人有古今이나 法無遐邇며
인유고금 법무하이

人有愚智나 道無盛衰니
인유우지 도무성쇠

雖在佛時라도 不順佛敎則何益이며
수재불시 불순불교즉하익

縱*値末世라도 奉行佛敎則何傷이리오
종치말세 봉행불교즉하상

사람에게는 옛과 지금이 있으나, 법에는 멀고 가까움이 없으며
사람에게는 어리석고 지혜로움이 있으나, 도에는 성하고 쇠함이 없나니
비록 부처님이 계신 때라도 부처님의 가르침을 따르지 않으면 곧 무엇이 유익할 것이며
설령 말세를 만났더라도 부처님의 가르침을 받들어 행한다면 곧 무엇이 해로우리오

* 縱(종) ~ '세로 종'. 여기서는 가설의 말. '가령', '설령'의 뜻으로 쓰였다.

故로 世尊이 云하시기를
고 세존 운

我如良醫하여 知病設藥하나
아여양의 지병설약

服與*不服은 非醫咎也*며
복여불복 비의구야

又如善導*하여 導人善道하나
우여선도 도인선도

聞而*不行은 非導過也*니라
문이불행 비도과야

고로 세존께서 말씀하시기를
'나는 뛰어난 의사와 같아서 병을 알아 약을 베푸나
약을 주어도 약을 먹지 않는 것은 의사의 허물이 아니며
또한 좋은 길잡이 같아서 바른 길로 사람을 인도하나
듣고도 가지 않는 것은 길잡이의 허물이 아니니라

* 與(여) ~ '줄 여'. 조사로 쓰일 때에는 '와', '과', '및' 등으로 쓰인다. 여기서는 '줄 여'자로 쓰였다.
* 也(야) ~ 어조사. 둘 다 也의 어조사 기능 중 평서문의 종결사로 쓰여 단정, 결정의 뜻을 나타내며 '다', '이다' 등으로 번역된다.
* 導(도) ~ '이끌 도'. 사전적 의미 중 '길잡이'란 뜻으로 새겼다.
* 而(이) ~ 역접의 접속사로 쓰여 '~하고도'로 번역되었다.

自利利人이 法皆具足하니
자리이인 법개구족

若我久住라도 更無所益이니라
약아구주 갱무소익

自今而後로 我諸弟子가
자금이후 아제제자

展*轉行之*則如來法身이 常住而*不滅也*라고 하시니
전전행지즉여래법신 상주이불멸야

若知如是理則但恨自不修道언정
약지여시리즉단한자불수도

何*患乎*末世也리오
하환호말세야

자기도 이롭고 남도 이롭게 하는 것이 법에 다 구족하니
만일 내가 오래 머물지라도 다시 이익될 바가 없느니라
지금으로부터 이후로 나의 모든 제자들이
대대로 이를 베풀면 곧 여래의 법신이 상주하여 멸하지 않는 것이다.'라고 하시니
만일 이와 같은 이치를 알았다면 곧 다만 스스로 도를 닦지 못함을 원통해 할지언정
어찌 말세임을 근심하리오

* 展轉(전전) ~ 숙어. '점차로', '순차적으로', '다음에서 다음으로' 등으로 새겨진다.
* 之(지) ~ 대명사로 쓰였다. '이', '이것', '그것' 등으로 해석된다.
* 而(이) ~ 순접의 접속사. '~하여'로 해석하였다.
* 也(야) ~ 어조사. 여기서는 也의 어조사 기능 중 평서문의 종결사로 쓰여 단정, 결정의 뜻을 나타내며 '다', '이다' 등으로 많이 해석되는데, 여기서는 '~한 것이다'로 해석하였다.
* 何(하)~乎(호) ~ 반어 부사 '豈, 何, 焉, 安' 등이 종결사 '乎, 哉, 也' 등과 호응되면, '어찌 ~하리오', '무엇이 ~하리오'로 해석된다.

伏望하니 汝須興決烈之志하고
복망　　여수흥결렬지지

開特達之懷하여 盡捨諸緣하고
개특달지회　　진사제연

除去顚倒하여 眞實爲生死大事하여서
제거전도　　진실위생사대사

於祖師公案上에서 宜善參究하여
어조사공안상　　의선참구

以大悟로 爲則하고 切莫自輕而退屈이어다
이대오　위칙　　절막자경이퇴굴

엎드려 바라니 그대는 반드시 결연히 맹렬한 뜻을 일으키고
뛰어나게 통달한 마음을 열어서 모든 인연을 다 버리고
거꾸러지고 엎어짐을 제거하여 참답고 실답게 생사의 큰 일을 위해
조사의 공안 위에서 마땅히 잘 참구하여
큰 깨달음으로써 법칙을 삼고 간절히 해서 절대 스스로 가볍게 여겨 물러서 굴하지 말지어다

* 之(지) ~ 두 번 다 관형격 조사로 쓰였다. 이런 경우 동격적 관형어로서 '~한'으로 해석된다.
* 切莫(절막) ~ 切은 강세어로 莫은 금지의 뜻으로 쓰여서 '절대 ~말아라'로 새겼다.

惟斯末運에 去聖時遙하여
유사말운 거성시요

魔强法弱하고 人多邪侈하여서
마강법약 인다사치

成人者少하고 敗人者多하며
성인자소 패인자다

智慧者寡하고 愚癡者衆하여
지혜자과 우치자중

自不修道하고 亦惱他人이니
자불수도 역뇌타인

凡有障道之緣을 言之不盡이니라
범유장도지연 언지부진

생각컨대 이 말운(말법시대)에 성인이 가신 때가 멀어
마는 강하고 법은 약해졌고, 사람이 많이 간사하고 사치하여서
된 사람이라 할 이는 적고, 망가진 사람이라 할 이는 많으며
지혜로운 이는 드물고, 어리석고 어리석은 이는 많아
스스로도 도를 닦지 않고 또한 다른 사람도 괴롭히니
무릇 도를 장애하는 인연이 있는 것을 말로는 다 할 수 없느니라

* 惟(유) ~ 발어사. 惟는 보통 자기 생각을 겸손하게 말할 때 쓰인다. '생각컨대'라고 해석된다.
* 斯(사) ~ 대명사 '이'로 쓰였다.
* 邪侈(사치) ~ 숙어. '간사하고 사치함'.
* 成人(성인) ~ ① 됨됨이가 갖추어진 훌륭한 사람. 전인(全人) ② 어른. 성년. 여기서는 ①의 뜻으로 쓰였다.
* 者(자) ~ '~라 하는 자', '~라 하는 것', '~라는 것', '~라는 사람' 등으로 해석된다.
* 之(지) ~ 관형격 조사로 쓰였다. 문맥에 따라 '~하는'이라고 새겼다.

恐汝錯路故에 我以管*見으로
공여착로고 아이관견

撰成十門하여 令*汝警策하니
찬성십문 영여경책

汝須信持하여서 無一可違를 至禱至禱하노라
여수신지 무일가위 지도지도

그대가 길을 잘못 갈까 염려한 까닭에 내 좁은 소견으로 열 가지 문을 가려냄을 이루어 그대에게 경책하도록 하니 그대는 반드시 믿고 지녀서 하나도 가히 어김 없기를 지극히 빌고 지극히 비노라

* 管見(관견) ~ 숙어. 좁은 견식, 대롱구멍을 통하여 내다보듯 좁은 견식. 자기의 견식을 겸손하게 이르는 말로 쓰인다.
* 令(령) ~ 사역보조사. '~하여금', '~를 하게 하다' 등으로 새겨진다. 사역형의 문장을 만드는 보조사로는 使, 令, 敎 등이 있다.

頌曰
송 왈

愚心不學增憍慢하고
우 심 불 학 증 교 만

癡意無修長我人인가
치 의 무 수 장 아 인

空腹高*心如餓虎고
공 복 고 심 여 아 호

無知放逸似顚猿이니라
무 지 방 일 사 전 원

邪言魔語肯受聽하고
사 언 마 어 긍 수 청

聖教賢章故*不聞하니
성 교 현 장 고 불 문

善*道無因誰汝度리
선 도 무 인 수 여 도

長淪惡*趣苦纏身이니라
장 륜 악 취 고 전 신

계송으로 말하노라
어리석은 마음으로 배우지 않고 교만만 더하고
어리석은 뜻으로 닦지 않고 아상 인상만 기를 것인가
빈 배에 뽐내는 마음은 주린 범과 같고
아는 것도 없이 방일한 것은 넘어진 원숭이 같으니라
삿된 말과 마구니의 말은 긍정해 받아듣고

성인의 가르침, 현인의 글은 짐짓 듣지를 않으니
정도에 인연이 없거늘 누가 그대를 건지리
악도에 길이 잠겨 고에 묶일 몸이니라

* 高(고) ~ '높을 고'. 사전적 의미 중 '스스로 난체하다', '뽐내다' 등이 있다. 여기서는 '뽐내다'로 해석하였다.
* 故(고) ~ 여기서는 '짐짓 고'로 쓰였다.
* 善道(선도) ~ 바른 길. 正道와 같다.
* 惡趣(악취) ~ 악업의 결과로 중생이 가는 곳. 지옥, 아귀, 축생을 3악취라고 한다.

대원선사 수행지침

최고의 스승은 자기 자신에게 있다. 자경(自警)이야말로 최고의 스승이 아닐 수 없다. '과연 이 순간에 생사의 기로에 놓인다면 스스로 호흡을 거두기를 뜻대로 자재할 수 있는가' 언제나 이렇게 비추어본다면, 깨달은 이라 해도 생사대사의 일을 마치는 날까지 머무를 수 없을 것이요, 법광이 들어 인가받은 스승의 증명도 없이 혼자서 깨달았다고 제방을 돌아다니며 활개를 치는 이들도 잠잠히 수행에 몰두하게 될 것이다. 또한 수행의 바른 척도인 깨달음의 목표를 잃어버려 잡다하고 삿된 법에 마음이 홀린 이들도 제정신을 차리게 될 것이고, 눈앞의 일들에 휘말려 그것이 전부로 살아가는 이들도 수행의 뜻을 세우게 될 것이다. 최고의 스승은 자기 자신에게 있다. 깨달음에 이르기까지 또한 깨달아 성불의 그날에 이르기 까지 머물지 않고 나아가는 일체 마음의 운영권도 자기 자신에게 있다.

제 2 절 열 가지 계법

∞ 其一
기 일

軟衣美食을
연 의 미 식

*切莫受用하라
절 막 수 용

그 첫째
부드러운 옷과 맛있는 음식을
절대 받아쓰지 말라

* 切莫(절막) ~ 切은 강세어로 莫은 금지의 조사로 쓰여서 '절대 ~말아라'로 새겼다.

自從耕種으로 至于口身이
자종경종 지우구신

非徒人牛의 功力多重이라
비도인우 공력다중

亦乃傍生의 損害無窮이니
역내방생 손해무궁

勞彼功而利我도 尙不然也인데
노피공이리아 상불연야

況殺他命而活己를 奚可忍乎아
황살타명이활기 해가인호

논밭을 갈아 곡식을 심음으로부터 입과 몸에 이르기까지
다만 사람과 소의 공력이 많고 무거울 뿐만 아니라
또한 이에 곁 생명의 잃고 해침도 끝이 없으니
저를 수고롭게 하여 나를 이롭게 하는 것도 오히려 그럴 수 없는데
하물며 다른 생명을 죽여서 자기가 사는 것을 어찌 가히 견디겠는가

* 自(자) ~ '스스로 자'. 어조사로 쓰일 때 '~부터', '~에서' 등으로 새긴다.
* 耕種(경종) ~ 숙어. '논밭을 갈아 곡식을 심다.'
* 至于(지우) ~ '~에 이르기까지'로 새겨진다.
* 非徒(비도) ~ '다만 ~뿐만 아니라'.
* 彼(피) ~ 여기서는 3인칭 대명사로 쓰였다.
* 也(야) ~ 어조사. 문장 중 '~한데', '~함이', '~하니', '~하면' 등으로 쓰인다.
* 而(이) ~ 여기서는 순접의 접속사로 쓰였다.
* 奚(해)~乎(호) ~ 문두나 문중에 쓰여 의문의 뜻을 나타내는 의문사로는 '誰, 熟, 何, 焉, 胡, 奚, 曷' 등이 있고, 문미에 쓰여 의문의 어감을 나타내는 종결사로는 '乎, 與, 歟, 邪, 耶' 등이 있다.

農夫도 每有飢寒之苦이고
농부 매유기한지고

織女도 連無遮身之衣인데
직녀 연무차신지의

況我長遊手거늘 飢寒을 何厭心이리오
황아장유수 기한 하염심

軟衣美食은 當恩重而損道며
연의미식 당은중이손도

破衲蔬食은 必施輕而積陰이니라
파납소식 필시경이적음

今生에 未明心하면 滴水도 也難消니라
금생 미명심 적수 야난소

농부도 매양 굶주림과 추위의 괴로움이 있고
베 짜는 여자도 늘 몸 가릴 옷이 없는데
하물며 나는 오래도록 손에 일이 없거늘 주리고 추운 것을 어찌 마음에 싫어하리오
부드러운 옷과 맛있는 음식은 마땅히 은혜는 중하나 도에는 손해가 되며
떨어진 옷과 나물밥은 반드시 시주의 은혜는 가벼우나 음덕은 쌓이느니라
금생에 마음을 밝히지 못하면 방울물 만큼도 녹이기 어려우니라

* 之(지) ~ 관형격 조사. '~의'.
* 之(지) ~ 관형격 조사. 여기서는 문장 속에서 '~할'로 새겼다.
* 而(이) ~ 여기서는 두 번 다 역접의 접속사로 쓰여 '~하나'로 새겼다.
* 施(시) ~ 사전적으로 '은혜를 베풀다'라는 뜻을 가지고 있다. 여기에서는 '시주의 은혜'로 새겼다.
* 陰(음) ~ '숨다'의 뜻. 여기서는 陰德, '남에게 알려지지 않은 덕행'의 뜻으로 쓰였다.
* 也(야) ~ 여기서는 어조사 也의 기능 중 구중에서 강조의 어감을 표시했다.

頌曰
송 왈

菜根木果慰飢腸하고
채 근 목 과 위 기 장

松落草衣遮色身이니라
송 락 초 의 차 색 신

野鶴靑雲爲伴侶하고
야 학 청 운 위 반 려

高岑幽谷度殘*年이니라
고 잠 유 곡 도 잔 년

게송으로 말하노라

풀뿌리와 나무열매로 주린 창자를 위로하고

송락과 풀옷으로 몸을 가릴 것이니라

들의 학과 푸른 구름으로 짝을 삼고

높은 봉우리와 깊은 골짜기에서 여생을 보낼 것이니라

* 殘年(잔년) ~ 숙어. '여명', '여생', '남아있는 목숨'.

其二
기 이

自財를 不悋하고
자재 불린

他物을 莫求하라
타물 막구

그 둘째

자기 재물을 아끼지 말고
남의 재물을 구하지 말라

三途苦上에는 貪業이 在初요
삼도고상 탐업 재초

六度*門中에는 行檀*이 居*首니라
육도문중 행단 거수

慳貪은 能防善道고
간탐 능방선도

慈施는 必禦惡徑이니라
자시 필어악경

삼도의 고통 위에는 탐내는 업이 있음이 첫 번째요
육도의 문 가운데는 보시를 행하는 것이 으뜸인 까닭이니라
아끼고 탐하는 것은 능히 바른 길을 막고
자비 보시는 반드시 악한 길을 막느니라

* 六度(육도) ~ 육바라밀. 보시(布施), 지계(持戒), 인욕(忍辱), 정진(精進), 선정(禪定), 지혜(智慧).
* 行檀(행단) ~ 檀은 dana의 음역. '보시'라고 번역한다.
* 居(거) ~ 여기서는 사전적 의미 중 '이유', '까닭'으로 해석하였다.

如有貧人이 來求乞이면
여유빈인 래구걸

雖在窮乏이라도 無悋*惜하느니라
수재궁핍 무인석

來無一物來고 去亦空手去니라
래무일물래 거역공수거

自財도 無戀志인데
자재 무연지

他物에 有何心이리오
타물 유하심

만약 가난한 사람이 와서 구걸함이 있으면
비록 궁핍함에 있더라도 재물을 아낌이 없어야 하느니라
올 때도 한 물건도 없이 왔고 갈 때 또한 빈 손으로 가느니라
자기 재물에도 연연해하는 뜻이 없어야 하는데
남의 물건에 무슨 마음이 있으리오

* 悋惜(인석) ~ 재물을 아낌.

萬般將不去고 唯有業隨身이니라
만 반 장 불 거　　유 유 업 수 신

三日修心은 千載*寶요
삼 일 수 심　　천 재 보

百年貪物은 一朝塵이니라
백 년 탐 물　　일 조 진

만 가지를 가지고 가지 못하고 오직 업만이 몸을 따름이 있느니라
삼일 닦은 마음은 천 년의 보배요
백년 탐한 재물은 하루아침의 티끌이니라

* 載(재) ~ '실을 재'. 여기서는 사전적 의미 중 '해', '1년'의 뜻으로 쓰였다. 그러므로 千載는 '천 년'으로 새겨진다. 그래서 '千載一遇(천재일우)'라는 말이 '천 년에 한 번 만난다'는 의미로 해석되는 것이다.

頌曰
송 왈

三途苦本因何起인가
삼 도 고 본 인 하 기

只是多生貪愛情이니라
지 시 다 생 탐 애 정

我佛衣盂生理足커늘
아 불 의 우 생 리 족

如何蓄積長無明이랴
여 하 축 적 장 무 명

게송으로 말하노라
삼도의 괴로움은 원래 무엇을 인연하여 일어나는가?
다만 다생에 탐욕과 애정 이것이니라
우리 부처님의 가사와 발우로 사는 이치로 족하거늘
어찌하여 쌓고 모아 무명만 기르랴

∽ 其三
기 삼

口無多言하고
구 무 다 언

身不輕動하라
신 불 경 동

그 셋째

입으로는 많은 말을 말고

몸은 가벼이 움직이지 말라

身不輕動則息亂成定이고
신불경동즉식난성정

口無多言則轉愚成慧니라
구무다언즉전우성혜

實相은 離言이고 眞理는 非動이니라
실상　　이언　　　진리　　비동

몸을 가벼이 움직이지 않으면 곧 어지러움을 쉬어 선정을 이룰 것이고
입으로 많은 말이 없으면 곧 어리석음을 돌려 지혜를 이룰 것이니라
실상은 말을 여의었고 진리는 움직임이 없느니라

口是禍門이니 必加嚴守하고
구시화문 필가엄수

身乃災本이니 不應輕動이니라
신내재본 불응경동

數飛之鳥는 忽有羅網之*殃이고
삭비지조 홀유라망지앙

輕步之*獸는 非無傷箭之*禍니라
경보지수 비무상전지화

입은 이 화의 문이니 반드시 더욱 엄히 지키고
몸은 곧 재앙의 근본이니 마땅히 가볍게 움직이지 말 것이니라
자주 나는 새에게는 돌연히 그물의 재앙이 있고
자주 다니는 짐승에게는 화살에 상하는 재앙이 없지 않느니라

* 之(지) ~ 셋 모두 관형격 조사. 첫 번째는 '~의'로 새기고 두 번째, 세 번째는 '~하는'으로 새겼다.

故로 世尊이 住雪山하면서
고 세존 주설산

六年을 坐不動하셨고
육년 좌부동

達磨居少林하기를 九歲를 默無言하셨느니라
달마거소림 구세 묵무언

後來參禪者가 何不依古蹤이리오
후래참선자 하불의고종

그러므로 세존께서는 설산에 계시면서
6년 동안이나 앉아서 움직이지 않으셨고
달마께서는 소림에서 거처하시기 9년 동안을 묵묵히 말이 없으셨느니라
후세의 참선하는 자가 어찌 옛 자취를 의지하지 않으리오

頌曰
송왈

身心把定元無動이니
신심파정원무동

默坐茅*庵絶往來하고
묵좌모암절왕래

寂*寂寥寥無一事하여
적적요요무일사

但看心佛自歸依하라
단간심불자귀의

게송으로 말하노라

몸과 마음을 선정으로 잡아 움직임 없음을 근본으로 할 것이니

띠집에서 묵묵히 앉아 왕래를 끊어

적적요요해서 한 가지 일도 없게 하여

오직 마음 부처를 보아서 스스로에게 귀의하라

* 茅庵(모암) ~ 띠로 지붕을 이은 집. 띠 지붕의 초막.

* 寂寂寥寥(적적요요) ~ 열반의 다른 이름. 망상이 사라지고 본유상주한 실상이 드러나는 일.

☁ 其四
기 사

但親善友하고
단 친 선 우

莫結邪朋하라
막 결 사 붕

그 넷째

오직 바른 벗과 친하고

삿된 벗과 사귀지 말라

鳥之*將息도 必擇其林이니
조지장식 필택기림

人之*求學에 乃選師友니라
인지구학 내선사우

擇林木則其止也*安하고
택림목즉기지야안

選師友則其學也*高니라
선사우즉기학야고

새가 장차 쉬려 할 때에도 반드시 그 숲을 가리니
사람이 배움을 구함에 곧 스승과 벗을 가려야 하느니라
수풀과 나무를 가리면 곧 그 머무름이 편안하고
스승과 벗을 가리면 곧 그 배움이 높으니라

* 之(지) ~ 둘 다 어조사 之의 기능 중 주격조사의 기능으로 쓰였다.
* 也(야) ~ 둘 다 어조사 也의 기능 중 주격조사로 쓰였다.

故로 承事善友를 如父母하고
고　승사선우　여부모

遠離惡友를 似寃家니라
원리악우　사원가

鶴無烏朋之*計니
학무오붕지계

鵬豈鷦友之*謀리오
붕기초우지모

그러므로 바른 벗 받드는 일을 부모와 같이 하고
악한 벗을 멀리 여의기를 원수집 같이 할 것이니라
학은 까마귀를 벗하려는 생각이 없느니
붕새가 어찌 뱁새와 벗하기를 꾀하리오

* 之(지) ~ 관형격 조사. '~하는'으로 새겼다.
* 之(지) ~ 之의 여러가지 어조사 기능 중 목적격 조사로 쓰여 '~을'이라 새겼다. 之가 목적격 조사로 쓰일 때에는 목적어와 서술어의 어순이 도치된다.

松裏之葛은 直聳千尋이고
송리지갈 직용천심

茅中之木은 未免三尺이니라
모중지목 미면삼척

無良小輩는 頻頻脫하고
무량소배 빈빈탈

得意高流와는 數數親이니라
득의고류 삭삭친

소나무 속의 칡은 천 길을 곧게 솟고
떠풀 가운데의 나무는 석 자를 면치 못하느니라
어질지 못한 소인배에서는 자주자주 벗어나고
뜻을 얻은 높은 무리와는 자주자주 친해야 하느니라

* 之(지) ~ 관형격 조사. '~의'로 새겼다.
* 千尋(천심) ~ 아주 높거나 깊은 것을 이르는 말.

頌曰
송 왈

住止經行須善友를
주 지 경 행 수 선 우

身心決擇去荊塵이어다
신 심 결 택 거 형 진

荊塵掃盡通前路하면
형 진 소 진 통 전 로

寸步不離透祖關이리라
촌 보 불 이 투 조 관

게송으로 말하노라
머물고 그치고 거니는 데 반드시 바른 벗을
몸과 맘으로 가려 결정해서 가시덤불과 티끌을 없앨지어다
가시덤불과 티끌을 쓸어 없애서 앞길을 통하게 하면
조금의 걸음도 떼어놓지 않고 조사의 관문을 뚫으리라

ꩰ 其五
기 오

除三更外에는
제 삼 경 외

不許睡眠하라
불 허 수 면

그 다섯 째

삼경을 제한 외에는

잠자는 것을

허락하지 말라

曠劫障道는 睡魔莫大니
광겁장도 수마막대

二六時中에 惺惺起疑而不昧하며
이륙시중 성성기의이불매

四威儀內에 密密廻光而自看하라
사위의내 밀밀회광이자간

광겁에 도에 장애됨은 수마보다 더 큰 것이 없으니
하루 종일 또렷하고 또렷하게 의심을 일으켜서 매하지 말 것이며
앉고, 서고, 눕고, 다니는 안에 밀밀히 빛을 돌이켜 스스로를 보라

* 曠劫(광겁) ~ 과거의 헤아릴 수 없는 오랜 시간. 미래의 헤아릴 수 없는 오랜 시간은 영겁이라고 한다.
* 莫大(막대) ~ '~보다 더 큰 것이 없다', 즉 더할 수 없이 크다는 뜻으로 쓰인다.
* 二六時中(이륙시중) ~ 옛날에는 낮을 六시, 밤을 六시로 나누었다. 그래서 이를 二六이라 불렀다. 그러므로 二六시는 '밤낮', '언제나', '항상'의 뜻으로 새겨진다.
* 而(이) ~ 둘 다 여기서는 순접의 접속사로 쓰였다. '~하여'로 새겼다.

一生을 空過하면 萬劫에 追恨이리라
일생 공과 만겁 추한

無常은 刹那라 乃日日而*驚怖며
무상 찰나 내일일이경포

人命은 須臾라 實時時而*不保니라
인명 수유 실시시이불보

若未透祖關인댄 如何安睡眠이리오
약미투조관 여하안수면

일생을 헛되이 지내면 만 겁에 한이 따르리라
무상은 찰나라, 이에 나날이 놀랍고 두려우며
사람의 목숨은 반드시 잠깐이라 진실로 때때마다 보존할 수 없느니라
만일 조사의 관문을 꿰뚫지 못한다면 어찌 편히 잠을 자리오

> * 而(이) ~ '말이을 이'자가 시간을 의미하는 한자 뒤에서는 대개 '~에'라고 새겨진다. 여기서는 日日而를 '나날이' 혹은 '때때마다'라고 새기는 것이 더 부드러워 굳이 그렇게 새기지 않았다.

頌曰
송 왈

睡蛇雲籠*心月暗함에
수 사 운 롱 심 월 암

行人到此盡迷程이니라
행 인 도 차 진 미 정

箇中拈起吹*毛利하면
개 중 염 기 취 모 리

雲自無形月自明이리라
운 자 무 형 월 자 명

게송으로 말하노라
졸음의 뱀 구름 덮듯 해서 마음달 어두움에
수행하는 사람이 여기에 이르러서는 모두가 길을 잃고 헤매느니라
이 가운데 예리한 취모검을 집어 일으키면
구름 자연히 모습 없어져서 달만 스스로 밝으리라

* 籠(롱) ~ '대바구니 롱'. '뒤덮다', '덮어씌우다'라는 사전적 의미로 새겼다.
* 吹毛(취모) ~ 칼날에 털을 불기만 해도 털이 베어질 정도로 칼날이 예리한 보검.

☁ 其六
기 육

切*莫妄自尊*大거나
절 막 망 자 존 대

輕*慢他人하라
경 만 타 인

그 여섯 째
절대 망령되게
스스로 교만하게 뽐내거나
다른 사람을 가벼이 보아
업신여기지 말라

* 切莫(절막) ~ 切은 강세어로 莫은 금지의 조사로 쓰여서 '절대 ~말아라'로 새겼다.
* 尊大(존대) ~ 숙어. 교만하게 뽐냄.
* 輕慢(경만) ~ 숙어. 가벼이 보아 업신여김.

修仁得仁에는 謙讓이 爲本이요
수인득인　　겸양　위본

親友和友에는 敬信이 爲宗이니라
친우화우　　경신　위종

四相山*이 漸高하면 三途海가 益深하니
사상산　점고　　삼도해　익심

外現威儀는 如尊貴나 內無所得은 似朽舟니라
외현위의　여존귀　내무소득　사후주

인을 닦아 인을 얻는 데에는 겸손하고 사양함이 근본이 되는 것이요
벗과 친하고 벗과 화목하는 데에는 공경하고 믿음이 근본이 되느니라
사상의 산이 점차 높아지면 삼도의 고해가 더욱 깊어지니
밖으로 나타나는 위의는 존귀한 것 같으나
안으로 얻은 바 없는 것은 썩은 배와 같으니라

* 四相山(사상산) ~ 사상의 산. 아상, 인상, 중생상, 수자상의 네 가지 마음의 상.

官益大者는 心益小하고
관익대자　심익소

道益高者는 意益卑니라
도익고자　의익비

人我山崩處에 無爲道自成하니
인아산붕처　무위도자성

凡有下心者는 萬福이 自歸依니라
범유하심자　만복　자귀의

벼슬이 더욱 높은 이는 마음을 더 삼가고
도가 더욱 높은 이는 뜻을 더욱 낮추느니라
너니, 나니 하는 산이 무너진 곳에 함이 없는 도가 스스로 이루어지니
무릇 하심하는 이에게 있어서는 만복이 스스로 돌아와 돕느니라

頌曰
송왈

憍慢塵中藏般若고
교만진중장반야

我人山上長無明이니라
아인산상장무명

輕他不學躘踵老에
경타불학용종로

病臥辛吟恨不窮이니라
병와신음한불궁

게송으로 말하노라
교만이란 티끌 속에 반야는 매장되고
아상 인상의 산 위에 무명은 자라만 가느니라
남을 업신여기고 배우지 않으면 늙음에 이르러 어린아이 걸음에
병들어 누워서 신음하는 한이 다함이 없을 것이니라

* 躘(용) ~ '어린아이 걸음 용',
* 踵(종) ~ '발꿈치 종'. '이르다'라는 사전적 의미를 가지고 있다.

☁ 其七
기 칠

見財色커든
견 재 색

必須正念對之*하라
필 수 정 념 대 지

그 일곱 째

재물과 색을 보거든

기필코 반드시

바른 생각으로 그것을 대하라

* 之(지) ~ 구말에 대명사로 쓰였다.

害身之*機는 無過女色이고
해신지기　무과여색

喪道之*本은 莫及貨財니라
상도지본　막급화재

是故로 佛垂戒律하여 嚴禁財色하시기를
시고　불수계율　엄금재색

眼覩女色커든 如見虎蛇하고
안도여색　여견호사

身臨金玉이면 等視木石하라
신임금옥　등시목석

몸을 해치는 길은 여색을 뛰어넘는 것이 없고
도를 상하는 근본은 재물에 미칠 것이 없느니라
이 까닭으로 부처님께서 계율을 베풀어 재물과 색을 엄하게 금하시기를
여색을 보거든 호랑이나 뱀을 본 것 같이 하고
금이나 옥을 몸소 맞으면 나무나 돌 같이 보아라

* 之(지) ~ 둘 다 관형격 조사로 쓰여 '~하는'이라고 새겼다.

雖居暗室터라도 如對大賓하고
수거암실 여대대빈

隱現同時하여 內外莫異하라
은현동시 내외막이

心淨則善神이 必護하고
심정즉선신 필호

戀色則諸天이 不容하리라
연색즉제천 불용

神必護則雖難處而無難이요
신필호즉수난처이무난

天不容則乃安方而不安하리라
천불용즉내안방이불안

비록 어두운 방에 있더라도 큰 손님을 대한 것 같이 하고
보일 때나 안 보일 때나 한가지로 하여 안팎을 다르게 하지 말라
마음이 깨끗하면 곧 선신이 반드시 보호하고
색을 그리워하면 곧 모든 하늘이 용납하지 않으리라
신이 반드시 보호하면 곧 비록 어려운 곳이라 해도 어려움이 없을 것이요
하늘이 용납하지 않으면 곧 이에 편한 곳이라 해도 편안하지 못하리라

* 隱現(은현) ~ ① 세상에 숨는 일과 나타나는 일 ② 보였다 안 보였다 함 ③ 안과 밖. 여기서는 ②의 뜻으로 쓰였다.
* 則(즉) ~ 셋 다 '곧 즉'으로 쓰였다.
* 而(이) ~ 둘 다 역접의 접속사로 '~이라 해도'라고 새겼다.

頌曰
송 왈

利慾閻王引獄鎖하고
이 욕 염 왕 인 옥 쇄

淨行陀*佛接蓮*臺리라
정 행 타 불 접 연 대

鎖拘入獄苦千種이요
쇄 구 입 옥 고 천 종

船上生蓮樂萬般이니라
선 상 생 연 락 만 반

게송으로 말하노라

이득만 욕심내면 염라대왕이 지옥으로 끌어들여 가두고

깨끗하게 행하면 아미타불이 연화대에서 맞아주리라

쇠사슬에 묶여 지옥에 들면 천 가지 고통이요

배에 올라 연꽃에 나면 만 가지 낙이니라

* 陀佛(타불) ~ 아미타불의 약칭.
* 蓮臺(연대) ~ 연화대의 약칭. 모든 불보살이 앉는 자리.

∽ 其八
기팔

莫交世俗하여
막교세속

令他憎嫉하라
영타증질

그 여덟 째

세속을 사귀어서

남이 미워하고

시기하게 하지 말라

離心中愛曰沙門이요
이심중애왈사문

不戀世俗曰出家니라
불연세속왈출가

旣能割愛揮人世거늘
기능할애휘인세

復何白衣*와 結黨遊리오
부하백의 결당유

마음 속에 사랑을 여읜 것을 사문이라 하는 것이요
세속을 그리워하지 않는 것을 출가라 하느니라
이미 능히 애정을 끊고 인간세상을 떨쳤거늘
어찌 다시 세상 사람들과 한 무리를 맺어 사귀리오

* 白衣(백의) ~ 세속 사람, 속인을 일컫는 말.

愛戀世俗은 爲饕餮*이니
애연세속 위도철

饕餮은 由來*로 非道心이니라
도철 유래 비도심

人情이 濃厚하면 道心疎니
인정 농후 도심소

冷却人情永不顧하라
냉각인정영불고

세속을 사랑하고 그리워함은 도철이 되는 것이니
도철은 본래 도의 마음이 없느니라
인정이 짙고 두터우면 도의 마음이 멀어지나니
인정을 냉정히 물리쳐 길이 돌아보지 말아라

> * 饕餮(도철) ~ 악한 짐승의 이름. 식인종이라 함. 몸은 소처럼 생겼고 얼굴과 눈이 겨드랑이에 있다. 도에 인연이 없는 흉악한 사람.
> * 由來(유래) ~ ① 어떤 사실이 일어날 때부터 겪어온 자취, 내력 ② 지금부터, 이때까지 ③ 전부터, 원래, 본시. 여기서는 ③의 뜻으로 쓰였다.

若欲不負出家志려면
약욕불부출가지

須向名山窮妙旨하라
수향명산궁묘지

一衣一鉢로 絶人情하고
일의일발 절인정

飢飽에 無心道自高리라
기포 무심도자고

만일 출가한 뜻을 저버리지 않으려면
반드시 명산을 향하여 묘한 뜻을 궁구하라
옷 한 벌, 발우 하나로 인정을 끊고
주리고 배부른 데 무심하면 도가 스스로 높아지리라

頌曰
송 왈

爲他爲己雖微善이나
위 타 위 기 수 미 선

皆是輪廻生死因이니라
개 시 윤 회 생 사 인

願入松風蘿月下하여
원 입 송 풍 라 월 하

長觀無漏祖師禪하라
장 관 무 루 조 사 선

계송으로 말하노라
남을 위하고 자기를 위하는 것 비록 작은 선이기는 하나
다 이것이 생사에 윤회하는 원인이니라
원컨대 소나무 바람 칡넝쿨 달빛 아래에 들어
샘이 없는 조사선을 길이 관하라

○ 其九
기 구

勿說他人過失하라
물 설 타 인 과 실

雖聞善惡터라도
수 문 선 악

心無動念하라
심 무 동 념

그 아홉 째

다른 사람 허물을 말하지 말라

비록 좋고 나쁜 것을 듣더라도

마음에 움직이는 생각이 없게 하라

無德而*被讚은 實吾慚愧요
무덕이피찬 실오참괴

有咎而*蒙毁는 誠我欣然이니라
유구이몽훼 성아흔연

欣然則*知過必改요
흔연즉지과필개

慚愧則*進道無怠하라
참괴즉진도무태

덕이 없는데 칭찬을 입는 것은 참으로 내가 부끄러워 할 바요
허물이 있어서 헐뜯음을 받는 것은 진실로 내가 기쁘게 여길 바이니라
기쁘게 여긴다면 곧 허물을 알았으니 반드시 고쳐야 할 것이요
부끄럽다면 곧 도에 진력하여 게으름이 없게 하라

* 而(이) ~ 첫 번째는 역접의 접속사로 쓰였다. '~한데'라고 새겼다. 두 번째는 순접의 접속사로 쓰였다. '~해서'라고 새겼다.
* 則(즉) ~ 둘 다 '곧 즉'으로 새겼다.

勿說他人過하라
물설타인과

終歸必損身이니라
종귀필손신

若聞害人言커든 如毁父母聲하라
약문해인언　　여훼부모성

今朝에 雖說他人過지만
금조　수설타인과

異日에 回頭論我咎니라
이일　회두론아구

雖然이나 凡所有相이 皆是虛妄하니
수연　　범소유상　　개시허망

譏毁讚譽에 何憂何喜랴
기훼찬예　하우하희

다른 사람의 허물을 말하지 말라
끝내는 몸에 헐뜯음이 반드시 돌아올 것이니라
만일 사람을 해하는 말을 듣거든 부모를 헐뜯는 소리같이 하라
오늘 아침에 비록 다른 사람의 허물을 말하지만
다른 날에 머리를 돌려 나의 허물을 논할 것이다
그러나 무릇 있는 바 상이 모두 허망하니
나무라고 헐뜯고 기리고 칭찬함에 어찌 근심하거나 어찌 기뻐하랴

頌曰
송 왈

*終朝亂說人長短타가
종 조 난 설 인 장 단

竟夜昏沈樂睡眠이면
경 야 혼 침 락 수 면

如此出家徒受施니
여 차 출 가 도 수 시

必*於三界出頭難이니라
필 어 삼 계 출 두 난

게송으로 말하노라

아침 내내 남의 장점이나 단점을 어지럽게 말하다가

밤이 다하도록 혼침하여 잠이나 즐긴다면

이와 같은 출가는 시주만 받는 무리니

반드시 삼계에서 나아가기 어렵느니라

* 終朝(종조) ~ '새벽부터 조반 때까지'. '아침 내내'.

* 於(어) ~ 어조사. 처소격 조사로 쓰였다.

◎ 其十
기 십

居衆中하여
거 중 중

心常平等이니라
심 상 평 등

그 열째

대중 가운데 살면서

마음을 항상

평등하게 할 것이니라

割愛辭親은 法界平等인데
할애사친 법계평등

若有親疎면 心不平等이니라
약유친소 심불평등

雖復出家나 何德之有리오
수부출가 하덕지유

心中에 若無憎愛之取捨이면
심중 약무증애지취사

身上에 那有苦樂之盛衰리오
신상 나유고락지성쇠

애정을 끊고 어버이를 떠나는 것은 법계를 평등히 하려는 것인데
만일 친하고 먼 것이 있으면 마음이 평등하지 못하니라
비록 출가했으나 되풀이한다면 어찌 덕이 있으리오
마음 가운데 만약 미움과 사랑의 취하고 버림이 없으면
몸 위에 어찌 괴로움과 즐거움의 성하고 쇠함이 있으리오

* 法界(법계) ~ 의식, 무의식, 유위, 무위의 모든 법. 주관적인 육근(六根)과 대상이 되는 경계인 육경(六境), 육식(六識)을 종합한 십팔계(十八界). 한마디로 온누리를 말한다.
* 之(지) ~ 셋 다 어조사로 쓰였다. 첫 번째 것은 주격조사의 기능을 했고, 두 번째, 세 번째 것은 관형격조사 '~의'로 쓰였다.

平等性中에 無彼此고
평등성중 무피차

大圓鏡上에 絶親疎니라
대원경상 절친소

三途出沒은 憎愛所纏이요
삼도출몰 증애소전

六道昇降은 親疎業*縛이니라
육도승강 친소업박

契心平等하면 本無取捨니
계심평등 본무취사

若無取捨면 生死何有리오
약무취사 생사하유

평등한 성품 가운데 나와 남이 없고
크고 원만한 거울 위에 친하고 먼 것이 없느니라
삼악도를 나오고 잠김은 미워하고 사랑하는 데 얽힌 바요
육도에 오르내림은 친하고 먼 데에 묶인 응보니라
마음이 평등한 데 계합하면 본래 취하고 버릴 것이 없으니
만일 취하고 버릴 것이 없으면 나고 죽음이 어찌 있으리오

* 業(업) ~ ① 몸과 입과 뜻으로 지은 선악의 소행 ② 전생의 소행에 의하여 현생에 받는 선악의 응보. 여기서는 ②의 뜻으로 쓰였다.

頌曰
송 왈

欲成無上菩提道면
욕 성 무 상 보 리 도

*也要常懷平等心이니라
야 요 상 회 평 등 심

若有親疎憎愛計면
약 유 친 소 증 애 계

道加遠*兮業加深이니라
도 가 원 혜 업 가 심

게송으로 말하노라
위없는 보리도를 이루고자 하면
항상 평등한 마음을 지닐 것을 요하느니라
만일 친하고 먼 것과 미워함과 사랑함을 꾀함이 있으면
도와는 더 멀어질 것이요, 업은 더 깊어질 것이니라

* 也要(야요) ~ '~것이 요망된다'라고 새겨진다.
* 兮(혜) ~ 어조사. 첫 번째로는 음절을 고르는 데 쓰이고, 두 번째로는 운문의 구말이나 중간에 놓여 어세를 멈췄다가 다시 어세를 높이는 데 쓴다. 여기서는 두 번째 기능으로 쓰였다.

대원선사 수행지침

불법은 첫째도, 둘째도, 셋째도 상(相) 없음을 근본으로 한다.
또한, 밖에서 자유와 행복을 구하는 것이 아니라
본래 지닌 스스로의 지혜, 능력을 발현하여 영원한 행복을
누리자는 것이다.
이에 열 가지 계를 하나의 보림수칙(保任修飭)으로 송하노라.

이러-히 옳고 그름을 보지 말고
이러-히 좋고 나쁨도 보지 말 것이며
이러-히 이익과 손해도 보지 않으면
자연히 편안해서 선열이 나고
자체로 보는 것이 일상이 되니
아는 것이 온전히 없는 이것이 온전히 아는 것이며
온전히 알아서는 앎이 없어 다만 본연일 뿐이니라
아차차, 하하대소하노라

제3절 자기해탈과 중생구제

主人公아
주인공

汝値人道가 當如盲龜遇木커늘
여치인도 당여맹구우목

一生이 幾何기에 不修懈怠인가
일생 기하 불수해태

人生難得이고 佛法難逢이니라
인생난득 불법난봉

주인공아
네가 사람의 세상을 만난 것이 마치 눈먼 거북이가 나무를 만난 것 같아야 하거늘
한 평생이 얼마기에 닦지 아니하고 게으른가
사람으로 태어남 얻기 어렵고 불법을 만나기가 어렵느니라

* 人道(인도) ~ 인간세계. 육도 윤회길의 하나.

此生에 失却하면 萬劫에 難遇니
차생 실각 만겁 난우

須持十門之戒法하여서
수지십문지계법

日新勤修而不退하여
일신근수이불퇴

速成正覺하고 還度衆生하라
속성정각 환도중생

我之本願은 非謂汝獨出生死大海니
아지본원 비위여독출생사대해

亦乃普爲衆生也니라 何以故오
역내보위중생야 하이고

이 생에 잃어버리면 만 겁에 만나기 어려우니
반드시 열 가지 문의 계법을 가져서
날로 새롭게 부지런히 닦아 물러남이 없게 하여
바른 깨달음을 속히 이루고 돌아와 중생을 제도하라
나의 본래의 원은, 너 혼자 생사의 큰 바다를 뛰어나도록 가리키는 것이 아니라
또한 곧 중생을 널리 위하자는 것이었느니라. 무엇 때문인가?

* 之(지) ~ 둘 다 관형격 조사 '~의'로 쓰였다.
* 而(이) ~ 순접의 접속사로 쓰여 '~하여'로 새겼다.
* 謂(위) ~ 대개 '이를 위'자로 많이 새기나, 여기서는 문맥에 따라 사전적 의미 중 '가리키다'로 새겼다.
* 也(야) ~ 어조사. 여기서는 也의 어조사 기능 중 평서문의 종결사로 쓰여 단정, 결정의 뜻을 나타내며 '다', '이다' 등으로 많이 해석되는데, 여기서는 '~한 것이다'로 해석하였다.
* 何以故(하이고) ~ '어째서', '왜', '무엇 때문에'로 새긴다.

汝自無始以來로 至于今生이
여자무시이래 지우금생

恒値四生하여 數數往還함이
항치사생 삭삭왕환

皆依父母而出沒也니라
개의부모이출몰야

故로 曠劫父母無量無邊이니
고 광겁부모무량무변

由是觀之컨대 六道衆生이
유시관지 육도중생

無非是汝의 多生父母니라
무비시여 다생부모

너는 비롯함 없는 이래로부터 금생에 이르기까지
항상 사생을 만나서 자주 자주 가고 돌아옴이
모두 부모에 의하여 나오고 잠기고 했느니라
그러므로 광겁의 부모가 한도 없고 끝도 없으니
이로써 보건대 육도의 중생이
이에 너의 여러 생의 부모 아닌 이가 없느니라

* 自(자) ~ 어조사로 쓰일 때 '~부터', '~에서' 등으로 새긴다.
* 至于(지우) ~ '~에 이르기까지'로 새겨진다.
* 而(이) ~ 순접의 접속사로 쓰여 '~하여'로 새겼다.
* 由是(유시) ~ '이로써'라고 새긴다.
* 觀之(관지) ~ '보면', '보자면'으로 새긴다.

如是等類咸沒惡趣하여서
여 시 등 류 함 몰 악 취

日夜로 受大苦惱하나니
일 야 수 대 고 뇌

若不拯濟면 何時出離리오
약 불 증 제 하 시 출 리

嗚呼哀哉*라 痛纏心腑구나
오 호 애 재 통 전 심 부

이와 같은 등의 무리가 악취에 빠져서
밤낮으로 큰 괴로움을 받나니
만일 건져 구제하지 않는다면 어느 때에 벗어나 여의리오
오호 슬프도다. 심장과 창자가 묶인 듯 아프구나

* 哉(재) ~ 어조사. 여기서는 감탄사 嗚呼와 함께 쓰여 감탄형 문장을 이루는 종결사로 쓰였다.

千萬望汝하니 早早發明大智해서
천만망여 조조발명대지

具足神通之力하고 自在方便之權하여
구족신통지력 자재방편지권

速爲洪濤之智楫하여
속위홍도지지즙

廣度欲岸之迷倫하라
광도욕안지미륜

천만 번 너에게 바라니 빨리 큰 지혜를 밝게 발해서
신통의 힘을 갖추고 방편의 권도를 자재하여
속히 큰 파도에 지혜의 노가 되어
탐욕의 언덕에 미한 무리들을 널리 제도하라

> * 早早(조조) ~ 숙어. '빨리', '일찍'.
> * 之(지) ~ 네 번 다 관형격 조사 '~의'로 쓰였다.
> * 權(권) ~ '권도(權道)'의 뜻으로 쓰였다. 권도란, 수단은 상도(常道)에서 벗어나나 결과는 상도에 맞는 것이다. 즉, 임기응변의 방편을 말한다.

君不見가
군불견

從上諸佛諸祖도 盡是昔日에
종상제불제조 진시석일

同我凡夫니라
동아범부

彼旣丈夫면 汝亦爾니
피기장부 여역이

但不爲也*이지 非不能也*니라
단불위야 비불능야

그대 보지 못했는가?
위로부터 모든 부처님과 조사님들도 모두가 이 옛날에
나와 같은 범부였느니라
저 이가 이미 장부이면 너 역시 그와 같으니
다만 하지 않았기 때문이지 능히 못할 것은 없느니라

* 也(야) ~ 어조사 也의 기능 중 이유의 어조사로 쓰여 '~때문이다'라고 새긴다.
* 也(야) ~ 어조사 也의 기능 중 평서형 종결사로 쓰여 '~이다'라고 새긴다.

古曰 道不遠人이라 人自遠矣*니라
고왈 도불원인 인자원의

又云我欲仁이면 斯仁이 至矣*라 하시니
우운아욕인 사인 지의

誠哉*로다 是言也*여
성재 시언야

若能信心不退則誰不見性成佛이리오
약능신심불퇴즉수불견성성불

옛 말씀에 '도가 사람을 멀리하는 것이 아니라 사람이 스스로 멀리하는 것이다' 했느니라
또 말하기를 '내가 어질고자 하면 이와 같이 어짊에 이르르니라' 하시니
진실하도다 옳은 말씀이여
만일 능히 믿는 마음에서 물러남이 없으면 곧 누군들 성품을 보아 부처를 이루지 못하리오

* 矣(의) ~ 두 번 다 어조사. 문장 끝에 쓰이는 경우 也와 대개 쓰임이 비슷하다. 평서문에서 '~이다', '~하다', '~하구나' 등으로 쓰인다.
* 哉(재) ~ 영탄, 반어, 의문, 명령에 쓰이는 어조사. 여기서는 영탄으로 쓰였다.
* 也(야) ~ 어조사 也의 기능 중 감탄의 어감을 표시하는 데 쓰였다.

我今에 證明三寶하옵고
아금　　증명삼보

一一戒汝하였으니 知非故犯則生陷地獄이니라
일일계여　　　　지비고범즉생함지옥

可不愼歟*며 可不愼歟아
가불신여　　가불신여

나 이제 삼보께 증명하옵고
하나하나 네게 경계하였으니 그른 줄 알고도 짐짓 범한다면 곧 산 채로 지옥에 떨어질 것이니라
가히 삼가지 않으며, 가히 삼가지 않겠는가

* 歟(여) ~ 어조사. 문장의 끝에서 의문, 반어, 감탄을 나타내는 어조사. 여기서는 영탄으로 쓰였다.

頌曰
송 왈

玉兎昇沈催老像하고
옥 토 승 침 최 노 상

金烏出沒促年光이구나
금 오 출 몰 촉 연 광

求名求利如朝露고
구 명 구 리 여 조 로

或苦或榮似夕烟이니라
혹 고 혹 영 사 석 연

勸汝慇懃修善道하여
권 여 은 근 수 선 도

速成佛果濟迷倫이니라
속 성 불 과 제 미 륜

今生若不從斯語면
금 생 약 불 종 사 어

後世當然恨萬端하리라
후 세 당 연 한 만 단

게송으로 말하노라
옥토끼 뜨고 잠겨 늙은 형상 재촉하고
금까마귀 나고 잠겨 세월을 재촉하는구나
명예를 구하고 이익을 구하는 것 아침 이슬과 같고
혹 괴롭고 혹 영화롭다는 것 저녁의 연기와 같느니라
은근히 그대에게 권하노니 선도를 닦아

불과를 속히 이루고 미한 중생 제도할 것이니라
금생에 만약 이와 같은 말을 따르지 않으면
후세에 당연히 만사를 후회하리라

* 玉兎(옥토) ~ 달[月].
* 金烏(금오) ~ 해[日].
* 年光(연광) ~ 숙어. '세월'.
* 萬端(만단) ~ 숙어. ① 모두, 죄다, 모조리, 만사 ② 가지가지, 형형색색 ③ 온갖 일의 실마리 ④ 온갖 방법. 여기서는 ①의 뜻으로 쓰였다.

대원선사 수행지침

자리이타의 보살행은 특별한 분만이 할 수 있는 것이 아니다. 수행자라면 누구나 자기 분상에서 한 걸음 더 나아가 베푸는 보살행이 있어야 한다. 이것이 부처님이 말씀하시는 대승, 최상승의 길이다. 한시도 머물지 말고 항상 움직여 써서 만인과 만물을 이롭게 하라. 사람과 짐승, 나무와 풀을 보면서도 항상 어떻게 하면 더욱 편안하게 해줄 수 있는가를 생각하고 돌봐주어라. 식물도 사랑을 해주어야 아름답고 건강해진다. 내 심신이 고달프다고 거기에 머물러 있으면 더욱 괴로울 뿐 회복되지 않는다. 만물을 위하여 열심히 움직여 쓰면 첫째, 자기 심신의 고통을 잊게 되어 편안해지니 좋고 둘째, 심신의 업에 끄달리지 않고 그 업을 오히려 닦아갈 수 있으니 좋고 셋째, 이러한 사람은 불보살님이 보살펴주어 가피를 입게 되어서 좋다. 이렇게 보살행은 자기 수행에 미치는 영향만도 상상을 초월한다. 끊임없이 모두를 위하여 움직여 써라. 나도 좋고 상대도 이롭게 하니 이 아니 좋은가. 우리에게 시련이 닥치는 것은 꼭 그 만큼이 우리에게 필요한 과정이기 때문이다. 몸뚱이도 너무 건강하여 힘이 넘치게 되면 오히려 업심이 더 일어날 수 있다. 업심이 불처럼 일어날 수 없을 정도로 그저 운신하고 다닐 수 있을 정도면 된다. 그저 숨쉴 수 있는 정도라면 끊임없이 움직여 써서 만인과 만물을 이롭게 할 수 있다. 멀리서 보살심과 보살행을 찾지 말라. 꽃나무를 보살피고 뜰을 가꾸는 그대로, 길의 돌멩이 하나를 치우는 그대로, 마주치는 이웃에게 미소를 짓고 고개를 숙이는 그대로, 어떤 마음으로 하느냐에 따라 최고의 보살행인 것이다.

전문
全文

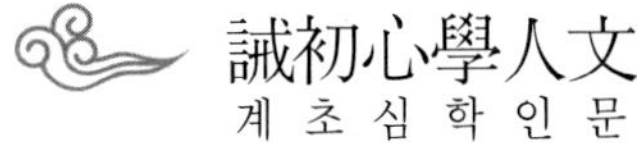

誡初心學人文
계 초 심 학 인 문

夫初心之人은 須遠離惡友하고 親近賢善하며
부초심지인 수원리악우 친근현선

受五戒十戒等해서 善知持犯開遮해야 한다
수오계십계등 선지지범개차

但依金口聖言이요 莫順庸流妄說하라 旣已出家해서
단의금구성언 막순용류망설 기이출가

參陪淸衆이라면 常念柔和善順이요 不得我慢貢高하라
참배청중 상념유화선순 부득아만공고

大者는 爲兄하고 小者는 爲弟니 儻有諍者면 兩說을
대자 위형 소자 위제 당유쟁자 양설

和合하고 但以慈心相向해야 하며 不得惡語傷人하라
화합 단이자심상향 부득악어상인

若也欺凌同伴커나 論說是非면 如此出家는 全無利益이니라
약야기능동반 논설시비 여차출가 전무이익

財色之禍는 甚於毒蛇니 省己知非하여 常須遠離하라
재색지화 심어독사 성기지비 상수원리

無緣事則不得入他房院하고 當屛處의 不得强知他事하라
무연사즉부득입타방원 당병처 부득강지타사

非六日이면 不得洗浣內衣하고 臨盥漱에 不得高聲涕唾하며
비육일 부득세완내의 임관수 부득고성체타

行益次에 不得搪突越序하고 經行次에 不得開襟掉臂하며
행익차 부득당돌월서 경행차 부득개금도비

言談次에 不得高聲戱笑하라 非要事면 不得出於門外하고
언담차 부득고성희소 비요사 부득출어문외

有病人이면 須慈心守護하며 見賓客이면 須欣然迎接하고
유병인 수자심수호 견빈객 수흔연영접

逢尊長이면 須肅恭廻避하며 辦道具에 須儉約知足하라
봉존장 수숙공회피 판도구 수검약지족

齋食時에 飮啜에 不得作聲하고 執放에 要須安詳하며
재식시 음철 부득작성 집방 요수안상

不得擧顔顧視하고 不得欣厭精麤하라 須默無言說하고
부득거안고시 부득흔염정추 수묵무언설

須防護雜念하며 須知受食은 但療形枯해서 爲成道業이니
수방호잡념 수지수식 단요형고 위성도업

須念般若心經해서 觀三輪淸淨하여 不違道用하라
수념반야심경 관삼륜청정 불위도용

赴焚修하기를 須早暮勤行하고 自責懈怠하며 知衆行次해서
부분수 수조모근행 자책해태 지중행차

不得雜亂하라 讚唄祝願하되 須誦文觀義하고
부득잡란 찬패축원 수송문관의

不得但隨音聲하며 不得韻曲不調하라 瞻敬尊顔이요
부득단수음성 부득운곡부조 첨경존안

不得攀緣異境하라 須知自身罪障이 猶如山海해서
부득반연이경 수지자신죄장 유여산해

須知理懺事懺하여 可以消除하라 深觀能禮所禮가
수지이참사참 가이소제 심관능례소례

皆從眞性緣起해서 深信感應에 不虛하여
개종진성연기 심신감응 불허

影響相從해야 한다 居衆寮에는 須相讓不爭하고
영향상종 거중요 수상양부쟁

須互相扶護하며 愼諍論勝負하라 愼聚頭閒話하고
수호상부호 신쟁논승부 신취두한화

愼誤着他鞋하며 愼坐臥越次하라 對客言談에는
신오착타혜 신좌와월차 대객언담

不得揚於家醜하고 但讚院門佛事할지언정
부득양어가추 단찬원문불사

不得詣庫房해서 見聞雜事하고서 自生疑惑하라
부득예고방 견문잡사 자생의혹

非要事인데 不得遊州獵縣하면서 與俗交通하므로
비요사 부득유주엽현 여속교통

令他憎嫉하여 失自道情하라 儻有要事出行에는
영타증질 실자도정 당유요사출행

告住持人이나 及管衆者하여 令知去處하라 若入俗家에는
고주지인 급관중자 영지거처 약입속가

切須堅持正念해서 愼勿見色聞聲토록 流蕩邪心인데
절수견지정념 신물견색문성 유탕사심

又况披襟戱笑하며 亂說雜事하다가 非時酒食으로
우황피금희소 난설잡사 비시주식

妄作無碍之行해서 深乖佛戒할 것인가 又處賢善人이
망작무애지행 심괴불계 우처현선인

嫌疑之間하면 豈爲有智慧人也하겠는가
혐의지간 기위유지혜인야

住社堂은 愼沙彌同行하고 愼人事往還하며 愼見他好惡하고
주사당 신사미동행 신인사왕환 신견타호악

愼貪求文字하며 愼睡眠過度하고 愼散亂攀緣해야 한다
신탐구문자 신수면과도 신산란반연

若遇宗師陞座說法이거든 切不得於法에 作懸崖想하여
약우종사승좌설법 절부득어법 작현애상

生退屈心하거나 或作慣聞想하여 生容易心하고
생퇴굴심 혹작관문상 생용이심

當須虛懷聞之하면 必有機發之時이니 不得隨學語者해서
당수허회문지 필유기발지시 부득수학어자

但取口辦하라 所謂蛇飮水하면 成毒하고 牛飮水하면
단취구판 소위사음수 성독 우음수

成乳로다 智學은 成菩提하고 愚學은 成生死라 함이
성유 지학 성보리 우학 성생사

是也이다 又不得於主法人에 生輕薄想하라
시야 우부득어주법인 생경박상

因之於道에 有障하면 不能進修하리니 切須愼之하라
인지어도 유장 불능진수 절수신지

論에 云하기를 如人이 夜行에 罪人이 執炬當路에
논 운 여인 야행 죄인 집거당로

若以人惡故로 不受光明하면 墮坑落塹去矣라 하시니
약이인악고 불수광명 타갱락참거의

聞法之次에는 如履薄氷해서 必須側耳目而聽玄音이며
문법지차 여리박빙 필수측이목이청현음

肅情塵而賞幽致하다가 下堂後는 默坐觀之하되 如有所疑면
숙정진이상유치 하당후 묵좌관지 여유소의

博問先覺하고 夕惕朝詢해서 不濫絲髮하라 如是라야
박문선각 석척조순 불람사발 여시

乃可能生正信하여 以道爲懷者歟리라 無始習熟한
내가능생정신 이도위회자여 무시습숙

愛欲恚癡纏綿意地하여 暫伏還起가 如隔日瘧하니라
애욕에치전면의지 잠복환기 여격일학

一切時中에 直須用加行方便智慧之力해서 痛自遮護커늘
일체시중 직수용가행방편지혜지력 통자차호

豈可閒謾해서 遊談無根하고 虛喪天日하면서
기가한만 유담무근 허상천일

欲冀心宗而求出路哉인가 但堅志節하고 責躬匪懈하며
욕기심종이구출로재 단견지절 책궁비해

知非遷善하여 改悔調柔어다 勤修而觀力이 轉深하고
지비천선 개회조유 근수이관력 전심

鍊磨而行門이 益淨하리라 長起難遭之想하면 道業이
연마이행문 익정 장기난조지상 도업

恒新하고 常懷慶幸之心하면 終不退轉하리라
항신 상회경행지심 종불퇴전

如是久久하면 自然定慧圓明해서 見自心性하며
여시구구 자연정혜원명 견자심성

用如幻悲智해서 還度衆生하여 作人天大福田하리니
용여환비지 환도중생 작인천대복전

切須勉之어다
절수면지

發心修行章
발 심 수 행 장

夫諸佛諸佛이 莊嚴寂滅宮은 於多劫海에 捨欲苦行이요
부제불제불 장엄적멸궁 어다겁해 사욕고행

衆生衆生이 輪廻火宅門은 於無量世에 貪慾不捨니라
중생중생 윤회화택문 어무량세 탐욕불사

無防天堂에 少往至者는 三毒煩惱로 爲自家財요
무방천당 소왕지자 삼독번뇌 위자가재

無誘惡道에 多往入者는 四蛇五欲으로 爲妄心寶니라
무유악도 다왕입자 사사오욕 위망심보

人誰不欲歸山修道리오만 而爲不進은 愛欲所纏이니라
인수불욕귀산수도 이위부진 애욕소전

然而不歸山藪修心이라도 隨自身力해서 不捨善行이어다
연이불귀산수수심 수자신력 불사선행

自樂을 能捨하면 信敬如聖이요 難行을 能行하면 尊重如佛이니라
자락 능사 신경여성 난행 능행 존중여불

慳貪於物은 是魔眷屬이요 慈悲布施는 是法王子니라
간탐어물 시마권속 자비보시 시법왕자

高嶽峩巖은 智人所居요 碧松深谷은 行者所捿니라
고악아암 지인소거 벽송심곡 행자소서

飢飡木果하여 慰其飢腸하고 渴飮流水하여 息其渴情이니라
기손목과 위기기장 갈음유수 식기갈정

喫甘愛養해도 此身은 定壞이고 着柔守護해도 命必有終이니라
끽감애양 차신 정괴 착유수호 명필유종

助響巖穴로 爲念佛堂하고 哀鳴鴨鳥로 爲歡心友니라
조향암혈 위염불당 애명압조 위환심우

拜膝이 如氷이라도 無戀火心하고 餓腸이 如切이라도
배슬 여빙 무련화심 아장 여절

無求食念이니라 忽至百年이거늘 云何不學이며 一生이
무구식념 홀지백년 운하불학 일생

幾何인데 不修放逸인가
기하 불수방일

離心中愛를 是名沙門이요 不戀世俗을 是名出家니라
이심중애 시명사문 불연세속 시명출가

行者羅網은 狗被象皮요 道人戀懷는 蝟入鼠宮이니라
행자나망 구피상피 도인연회 위입서궁

雖有才智라도 居邑家者는 諸佛이 是人에게 生悲憂心하고
수유재지 거읍가자 제불 시인 생비우심

設無道行이라도 住山室者는 衆聖이 是人에게
설무도행 주산실자 중성 시인

生歡喜心하느니라
생환희심

雖有才學해도 無戒行者는 如寶所導而不起行이고
수유재학 무계행자 여보소도이불기행

雖有勤行해도 無智慧者는 欲往東方而向西行이니라
수유근행 무지혜자 욕왕동방이향서행

有智人의 所行은 蒸米作飯이요
유지인 소행 증미작반

無智人의 所行은 蒸沙作飯이니라
무지인 소행 증사작반

共知喫食而慰飢腸하면서도 不知學法而改癡心이구나
공지끽식이위기장 부지학법이개치심

行智具備는 如車二輪이고 自利利他는 如鳥兩翼이니라
행지구비　여거이륜　자리이타　여조양익

得粥祝願하나 不解其意하면 亦不檀越에게 應羞恥乎아
득죽축원　불해기의　역불단월　응수치호

得食唱唄하나 不達其趣하면 亦不賢聖에게 應慚愧乎아
득식창패　부달기취　역불현성　응참괴호

人惡尾蟲이 不辨淨穢하듯 聖憎沙門도 不辨淨穢니라
인오미충　불변정예　성증사문　불변정예

棄世間喧하고 乘空天上하려면 戒爲善梯니
기세간훤　승공천상　계위선제

是故로 破戒하고 爲他福田은 如折翼鳥負龜翔空이니라
시고　파계　위타복전　여절익조부귀상공

自罪를 未脫하고 他罪를 不贖이니라
자죄　미탈　타죄　불속

然이거니 豈無戒行인데 受他供給이리오
연　기무계행　수타공급

無行空身은 養無利益이고 無常浮命은 愛惜不保니라
무행공신　양무이익　무상부명　애석불보

望龍象德커든 能忍長苦하고 期獅子座커든 永背欲樂이니라
망용상덕　능인장고　기사자좌　영배욕락

行者心淨하면 諸天이 共讚하고 道人이 戀色하면 善神이 捨離니라
행자심정　제천　공찬　도인　연색　선신　사리

四大忽散이라 不保久住니 今日夕矣요 頗行朝哉니라
사대홀산　불보구주　금일석의　파행조재

世樂이 後苦거늘 何貪着哉인가
세락　후고　하탐착재

一忍이 長樂이거늘 何不修哉인가
일인 장락 하불수재

道人貪은 是行者羞恥요 出家富는 是君子所笑니라
도인탐 시행자수치 출가부 시군자소소

遮言이 不盡이거늘 貪着不已하고 第二無盡이거늘 不斷愛着하며
차언 부진 탐착불이 제이무진 부단애착

此事無限이거늘 世事不捨하고 彼謀無際거늘 絶心不起구나
차사무한 세사불사 피모무제 절심불기

今日不盡이거늘 造惡日多하고 明日無盡이거늘 作善日少하며
금일부진 조악일다 명일무진 작선일소

今年不盡이거늘 無限煩惱하고 來年無盡이거늘 不進菩提구나
금년부진 무한번뇌 내년무진 부진보리

時時移移하여 速經日夜하고 日日移移하여 速經月晦하며
시시이이 속경일야 일일이이 속경월회

月月移移하여 忽來年至하고 年年移移하여 暫到死門이라네
월월이이 홀래년지 연년이이 잠도사문

破車不行이듯 老人不修니라 臥生懈怠하고 坐起亂識이니라
파거불행 노인불수 와생해태 좌기난식

幾生不修하고 虛過日夜며 幾活空身커늘 一生不修인고
기생불수 허과일야 기활공신 일생불수

身必有終하리니 後身은 何乎아 莫速急乎아 莫速急乎아
신필유종 후신 하호 막속급호 막속급호

自警文
자 경 문

主人公아 聽我言하라
주인공 청아언

幾人이 得道空門裏거늘 汝何長輪苦趣中고 汝自無始已來로
기인 득도공문리 여하장륜고취중 여자무시이래

至于今生이 背覺合塵하여 墮落愚癡하여서는
지우금생 배각합진 타락우치

恒造衆惡而入三途之苦輪하고 不修諸善而沈四生之業海로다
항조중악이입삼도지고륜 불수제선이침사생지업해

身隨六賊故로 或墮惡趣則極辛極苦하며 心背一乘故로
신수육적고 혹타악취즉극신극고 심배일승고

或生人道則佛前佛後로다 今亦幸得人身이나 正是佛後末世니
혹생인도즉불전불후 금역행득인신 정시불후말세

嗚呼痛哉라 是誰過歟아 雖然이나 汝能反省하고 割愛出家하여
오호통재 시수과여 수연 여능반성 할애출가

受持應器하고 着大法服하여서 履出塵之逕路하여
수지응기 착대법복 이출진지경로

學無漏之妙法하면 如龍得水고 似虎靠山이니 其殊妙之理는
학무루지묘법 여룡득수 사호고산 기수묘지리

不可勝言이니라 人有古今이나 法無遐邇며 人有愚智나
불가승언 인유고금 법무하이 인유우지

道無盛衰니 雖在佛時라도 不順佛教則何益이며 縱値末世라도
도무성쇠 수재불시 불순불교즉하익 종치말세

奉行佛教則何傷이리오 故로 世尊이 云하시기를
봉행불교즉하상 고 세존 운

我如良醫하여 知病設藥하나 服與不服은 非醫咎也며
아여양의 지병설약 복여불복 비의구야

又如善導하여 導人善道하나 聞而不行은 非導過也니라
우여선도 도인선도 문이불행 비도과야

自利利人이 法皆具足하니 若我久住라도 更無所益이니라
자리이인 법개구족 약아구주 갱무소익

自今而後로 我諸弟子가 展轉行之則如來法身이
자금이후 아제제자 전전행지즉여래법신

常住而不滅也라고 하시니 若知如是理則但恨自不修道언정
상주이불멸야 약지여시리즉단한자불수도

何患乎末世也리오 伏望하니 汝須興決烈之志하고
하환호말세야 복망 여수흥결렬지지

開特達之懷하여 盡捨諸緣하고 除去顚倒하여
개특달지회 진사제연 제거전도

眞實爲生死大事하여서 於祖師公案上에서 宜善參究하여
진실위생사대사 어조사공안상 의선참구

以大悟로 爲則하고 切莫自輕而退屈이어다 惟斯末運에
이대오 위칙 절막자경이퇴굴 유사말운

去聖時遙하여 魔强法弱하고 人多邪侈하여서 成人者少하고
거성시요 마강법약 인다사치 성인자소

敗人者多하며 智慧者寡하고 愚癡者衆하여 自不修道하고
패인자다 지혜자과 우치자중 자불수도

亦惱他人이니 凡有障道之緣을 言之不盡이니라
역뇌타인 범유장도지연 언지부진

恐汝錯路故에 我以管見으로 撰成十門하여 令汝警策하니
공여착로고 아이관견 찬성십문 영여경책

汝須信持하여서 無一可違를 至禱至禱하노라
여수신지 무일가위 지도지도

頌曰
송왈

愚心不學增憍慢하고 癡意無修長我人인가
우심불학증교만 치의무수장아인

空腹高心如餓虎고 無知放逸似顚猿이니라
공복고심여아호 무지방일사전원

邪言魔語肯受聽하고 聖教賢章故不聞하니
사언마어긍수청 성교현장고불문

善道無因誰汝度리 長淪惡趣苦纏身이니라
선도무인수여도 장륜악취고전신

其一
기일

軟衣美食을 切莫受用하라
연의미식 절막수용

自從耕種으로 至于口身이 非徒人牛의 功力多重이라
자종경종 지우구신 비도인우 공력다중

亦乃傍生의 損害無窮이니 勞彼功而利我도 尙不然也인데
역내방생 손해무궁 노피공이리아 상불연야

況殺他命而活己를 奚可忍乎아 農夫도 每有飢寒之苦이고
황살타명이활기 해가인호 농부 매유기한지고

織女도 連無遮身之衣인데 況我長遊手거늘 飢寒을
직녀 연무차신지의 황아장유수 기한

何厭心이리오 軟衣美食은 當恩重而損道며 破衲蔬食은
하염심 연의미식 당은중이손도 파납소식

必施輕而積陰이니라 今生에 未明心하면 滴水도 也難消니라
필시경이적음 금생 미명심 적수 야난소

頌曰
송왈

菜根木果慰飢腸하고 松落草衣遮色身이니라
채근목과위기장 송락초의차색신

野鶴青雲爲伴侶하고 高岑幽谷度殘年이니라
야학청운위반려 고잠유곡도잔년

其二
기이

自財를 不悋하고 他物을 莫求하라
자재 불린 타물 막구

三途苦上에는 貪業이 在初요 六度門中에는 行檀이 居首니라
삼도고상 탐업 재초 육도문중 행단 거수

慳貪은 能防善道고 慈施는 必禦惡徑이니라 如有貧人이
간탐 능방선도 자시 필어악경 여유빈인

來求乞이면 雖在窮乏이라도 無悋惜하느니라 來無一物來고
래구걸 수재궁핍 무인석 래무일물래

去亦空手去니라 自財도 無戀志인데 他物에 有何心이리오
거역공수거 자재 무연지 타물 유하심

萬般將不去고 唯有業隨身이니라 三日修心은 千載寶요
만반장불거 유유업수신 삼일수심 천재보

百年貪物은 一朝塵이니라
백년탐물 일조진

頌曰
송왈

三途苦本因何起인가 只是多生貪愛情이니라
삼도고본인하기 지시다생탐애정

我佛衣盂生理足커늘 如何蓄積長無明이랴
아불의우생리족 여하축적장무명

其三
기삼

口無多言하고 身不輕動하라
구무다언 신불경동

身不輕動則息亂成定이고 口無多言則轉愚成慧니라
신불경동즉식난성정 구무다언즉전우성혜

實相은 離言이고 眞理는 非動이니라
실상 이언 진리 비동

口是禍門이니 必加嚴守하고 身乃災本이니 不應輕動이니라
구시화문 필가엄수 신내재본 불응경동

數飛之鳥는 忽有羅網之殃이고 輕步之獸는 非無傷箭之禍니라
삭비지조 홀유라망지앙 경보지수 비무상전지화

故로 世尊이 住雪山하면서 六年을 坐不動하셨고
고 세존 주설산 육년 좌부동

達磨居少林하기를 九歲를 默無言하셨느니라 後來參禪者가
달마거소림 구세 묵무언 후래참선자

何不依古蹤이리오
하불의고종

頌曰
송왈

身心把定元無動이니 默坐茅庵絶往來하고
신심파정원무동 묵좌모암절왕래

寂寂寥寥無一事하여 但看心佛自歸依하라
적적요요무일사 단간심불자귀의

其四
기사

但親善友하고 莫結邪朋하라
단친선우 막결사붕

鳥之將息도 必擇其林이니 人之求學에 乃選師友니라
조지장식 필택기림 인지구학 내선사우

擇林木則其止也安하고 選師友則其學也高니라
택림목즉기지야안 선사우즉기학야고

故로 承事善友를 如父母하고 遠離惡友를 似寃家니라
고 승사선우 여부모 원리악우 사원가

鶴無烏朋之計니 鵬豈鷦友之謀리오
학무오붕지계 붕기초우지모

松裏之葛은 直聳千尋이고 茅中之木은 未免三尺이니라
송리지갈 직용천심 모중지목 미면삼척

無良小輩는 頻頻脫하고 得意高流와는 數數親이니라
무량소배 빈빈탈 득의고류 삭삭친

頌曰
송왈

住止經行須善友를 身心決擇去荊塵이어다
주지경행수선우 신심결택거형진

荊塵掃盡通前路하면 寸步不離透祖關이리라
형진소진통전로 촌보불이투조관

其五
기오

除三更外에는 不許睡眠하라
제삼경외 불허수면

曠劫障道는 睡魔莫大니 二六時中에 惺惺起疑而不昧하며
광겁장도 수마막대 이륙시중 성성기의이불매

四威儀內에 密密廻光而自看하라 一生을 空過하면 萬劫에
사위의내 밀밀회광이자간 일생 공과 만겁

追恨이리라 無常은 刹那라 乃日日而驚怖며 人命은 須臾라
추한 무상 찰나 내일일이경포 인명 수유

實時時而不保니라 若未透祖關인댄 如何安睡眠이리오
실시시이불보 약미투조관 여하안수면

頌曰
송왈

睡蛇雲籠心月暗함에 行人到此盡迷程이니라
수사운롱심월암 행인도차진미정

箇中拈起吹毛利하면 雲自無形月自明이리라
개중염기취모리 운자무형월자명

其六
기육

切莫妄自尊大거나 輕慢他人하라
절막망자존대 경만타인

修仁得仁에는 謙讓이 爲本이요 親友和友에는 敬信이 爲宗이니라
수인득인 겸양 위본 친우화우 경신 위종

四相山이 漸高하면 三途海가 益深하니 外現威儀는 如尊貴나
사상산 점고 삼도해 익심 외현위의 여존귀

內無所得은 似朽舟니라 官益大者는 心益小하고 道益高者는
내무소득 사후주 관익대자 심익소 도익고자

意益卑니라 人我山崩處에 無爲道自成하니 凡有下心者는
의익비 인아산붕처 무위도자성 범유하심자

萬福이 自歸依니라
만복 자귀의

頌曰
송왈

憍慢塵中藏般若고 我人山上長無明이니라
교만진중장반야 아인산상장무명

輕他不學躘踵老에 病臥辛吟恨不窮이니라
경타불학용종로 병와신음한불궁

其七
기칠

見財色커든 必須正念對之하라
견재색 필수정념대지

害身之機는 無過女色이고 喪道之本은 莫及貨財니라
해신지기 무과여색 상도지본 막급화재

是故로 佛垂戒律하여 嚴禁財色하시기를
시고 불수계율 엄금재색

眼覩女色커든 如見虎蛇하고 身臨金玉이면 等視木石하라
안도여색 여견호사 신임금옥 등시목석

雖居暗室터라도 如對大賓하고 隱現同時하여 內外莫異하라
수거암실 여대대빈 은현동시 내외막이

心淨則善神이 必護하고 戀色則諸天이 不容하리라
심정즉선신 필호 연색즉제천 불용

神必護則雖難處而無難이요 天不容則乃安方而不安하리라
신필호즉수난처이무난 천불용즉내안방이불안

頌曰
송 왈

利慾閻王引獄鎖하고 淨行陀佛接蓮臺리라
이 욕 염 왕 인 옥 쇄 정 행 타 불 접 연 대

鎖拘入獄苦千種이요 船上生蓮樂萬般이니라
쇄 구 입 옥 고 천 종 선 상 생 연 락 만 반

其八
기 팔

莫交世俗하여 令他憎嫉하라
막 교 세 속 영 타 증 질

離心中愛曰沙門이요 不戀世俗曰出家니라
이 심 중 애 왈 사 문 불 연 세 속 왈 출 가

旣能割愛揮人世거늘 復何白衣와 結黨遊리오
기 능 할 애 휘 인 세 부 하 백 의 결 당 유

愛戀世俗은 爲饕餮이니 饕餮은 由來로 非道心이니라
애 연 세 속 위 도 철 도 철 유 래 비 도 심

人情이 濃厚하면 道心疎니 冷却人情永不顧하라
인 정 농 후 도 심 소 냉 각 인 정 영 불 고

若欲不負出家志려면 須向名山窮妙旨하라
약 욕 불 부 출 가 지 수 향 명 산 궁 묘 지

一衣一鉢로 絶人情하고 飢飽에 無心道自高리라
일 의 일 발 절 인 정 기 포 무 심 도 자 고

頌曰
송 왈

爲他爲己雖微善이나 皆是輪廻生死因이니라
위 타 위 기 수 미 선 개 시 윤 회 생 사 인

願入松風蘿月下하여 長觀無漏祖師禪하라
원입송풍라월하 장관무루조사선

其九
기구

勿說他人過失하라 雖聞善惡터라도 心無動念하라
물설타인과실 수문선악 심무동념

無德而被讚은 實吾慚愧요 有咎而蒙毁는 誠我欣然이니라
무덕이피찬 실오참괴 유구이몽훼 성아흔연

欣然則知過必改요 慚愧則進道無怠하라 勿說他人過하라
흔연즉지과필개 참괴즉진도무태 물설타인과

終歸必損身이니라 若聞害人言커든 如毁父母聲하라
종귀필손신 약문해인언 여훼부모성

今朝에 雖說他人過지만 異日에 回頭論我咎니라
금조 수설타인과 이일 회두론아구

雖然이나 凡所有相이 皆是虛妄하니 譏毁讚譽에 何憂何喜랴
수연 범소유상 개시허망 기훼찬예 하우하희

頌曰
송왈

終朝亂說人長短타가 竟夜昏沈樂睡眠이면
종조난설인장단 경야혼침락수면

如此出家徒受施니 必於三界出頭難이니라
여차출가도수시 필어삼계출두난

其十
기십

居衆中하여 心常平等이니라
거중중 심상평등

割愛辭親은 法界平等인데 若有親疎면 心不平等이니라
할애사친 법계평등 약유친소 심불평등

雖復出家나 何德之有리오 心中에 若無憎愛之取捨이면
수부출가 하덕지유 심중 약무증애지취사

身上에 那有苦樂之盛衰리오 平等性中에 無彼此고
신상 나유고락지성쇠 평등성중 무피차

大圓鏡上에 絶親疎니라 三途出沒은 憎愛所纏이요
대원경상 절친소 삼도출몰 증애소전

六道昇降은 親疎業縛이니라 契心平等하면 本無取捨니
육도승강 친소업박 계심평등 본무취사

若無取捨면 生死何有리오
약무취사 생사하유

頌曰
송왈

欲成無上菩提道면 也要常懷平等心이니라
욕성무상보리도 야요상회평등심

若有親疎憎愛計면 道加遠兮業加深이니라
약유친소증애계 도가원혜업가심

主人公아 汝値人道가 當如盲龜遇木커늘 一生이 幾何기에
주인공 여치인도 당여맹구우목 일생 기하

不修懈怠인가 人生難得이고 佛法難逢이니라
불수해태 인생난득 불법난봉

此生에 失却하면 萬劫에 難遇니 須持十門之戒法하여서
차생 실각 만겁 난우 수지십문지계법

日新勤修而不退하여 速成正覺하고 還度衆生하라
일신근수이불퇴 속성정각 환도중생

我之本願은 非謂汝獨出生死大海니 亦乃普爲衆生也니라
아지본원 비위여독출생사대해 역내보위중생야

何以故오 汝自無始以來로 至于今生이 恒値四生하여
하이고 여자무시이래 지우금생 항치사생

數數往還함이 皆依父母而出沒也니라
삭삭왕환 개의부모이출몰야

故로 曠劫父母無量無邊이니 由是觀之컨대 六道衆生이
고 광겁부모무량무변 유시관지 육도중생

無非是汝의 多生父母니라 如是等類咸沒惡趣하여서
무비시여 다생부모 여시등류함몰악취

日夜로 受大苦惱하나니 若不拯濟면 何時出離리오
일야 수대고뇌 약불증제 하시출리

嗚呼哀哉라 痛纏心腑구나 千萬望汝하니 早早發明大智해서
오호애재 통전심부 천만망여 조조발명대지

具足神通之力하고 自在方便之權하여 速爲洪濤之智楫하여
구족신통지력 자재방편지권 속위홍도지지즙

廣度欲岸之迷倫하라 君不見가 從上諸佛諸祖도 盡是昔日에
광도욕안지미륜 군불견 종상제불제조 진시석일

同我凡夫니라 彼既丈夫면 汝亦爾니 但不爲也이지
동아범부 피기장부 여역이 단불위야

非不能也니라 古曰 道不遠人이라 人自遠矣니라
비불능야 고왈 도불원인 인자원의

又云我欲仁이면 斯仁이 至矣라 하시니 誠哉로다 是言也여
우운아욕인 사인 지의 성재 시언야

若能信心不退則誰不見性成佛이리오 我今에 證明三寶하옵고
약능신심불퇴즉수불견성성불 아금 증명삼보

一一戒汝하였으니 知非故犯則生陷地獄이니라 可不愼歟며
일일계여 지비고범즉생함지옥 가불신여

可不愼歟아
가불신여

頌曰
송왈

玉兎昇沈催老像하고 金烏出沒促年光이구나
옥토승침최노상 금오출몰촉연광

求名求利如朝露고 或苦或榮似夕烟이니라
구명구리여조로 혹고혹영사석연

勸汝慇懃修善道하여 速成佛果濟迷倫이니라
권여은근수선도 속성불과제미륜

今生若不從斯語면 後世當然恨萬端하리라
금생약불종사어 후세당연한만단

가슴으로 부르는 불심의 노래

대원 문재현 선사님 작사

여기에 실린 것들은 모두 대원 문재현 선사님께서 직접 작사하신 곡들이다.

수행의 길로 들어서게끔 신심, 발심을 북돋아주는 곡으로부터 수행의 길로 접어든 이의 구도의 몸부림이 담겨있는 곡, 대승의 원력을 발해서 교화하는 보살의 자비심과 함께 낙원세계를 누리는 풍류를 그려놓은 곡까지 가사 한마디, 한마디가 생생하여 그 뜻이 뼛속 깊이 새겨지고 그 멋에 흠뻑 취하게 된다.

대원 문재현 선사님께서는 거칠고 말초적인 요즘의 노래를 듣고 이러한 정서를 순화시키고자, 또한 수행의 마음을 진작시키고자 하는 뜻에서 이 곡들을 작사하셨다.

서 원 가

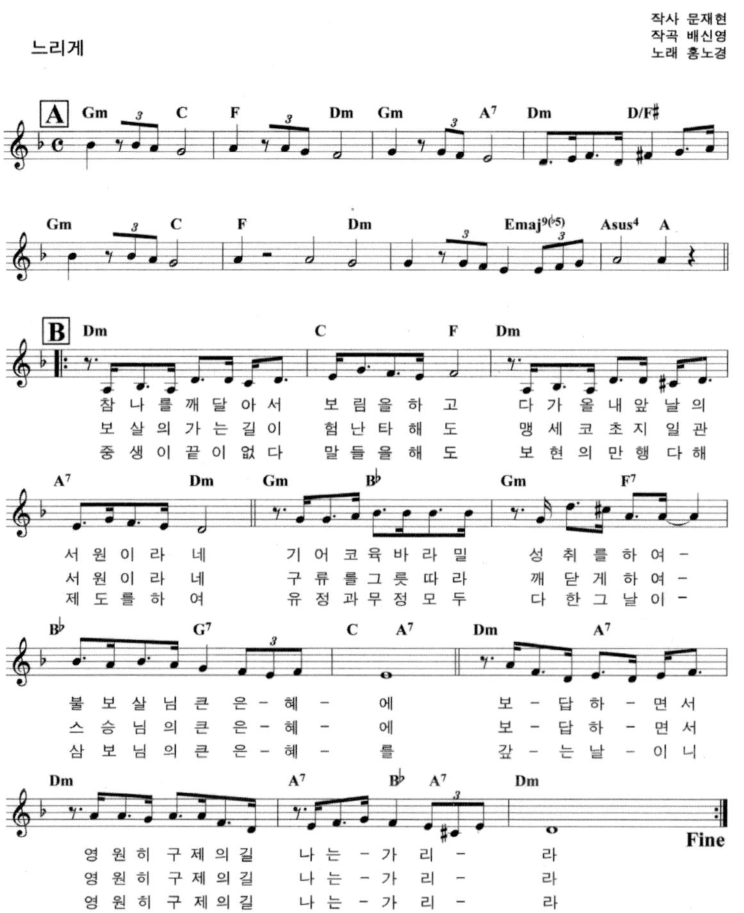

작사 문재현
작곡 배신영
노래 홍노경
느리게
A
B
참 나 를 깨 달 아 서 보 림 을 하 고 다 가 올 내 앞 날 의
보 살 의 가 는 길 이 험 난 타 해 도 맹 세 코 초 지 일 관
중 생 이 끝 이 없 다 말 들 을 해 도 보 현 의 만 행 다 해
서 원 이 라 네 기 어 코 육 바 라 밀 성 취 를 하 여 -
서 원 이 라 네 구 류 를 그 릇 따 라 깨 닫 게 하 여 -
제 도 를 하 여 유 정 과 무 정 모 두 다 한 그 날 이 -
불 보 살 님 큰 은 - 혜 - 에 보 - 답 하 - 면 서
스 승 님 의 큰 은 - 혜 - 에 보 - 답 하 - 면 서
삼 보 님 의 큰 은 - 혜 - 를 갚 - 는 날 - 이 니
영 원 히 구 제 의 길 나 는 - 가 리 - 라
영 원 히 구 제 의 길 나 는 - 가 리 - 라
영 원 히 구 제 의 길 나 는 - 가 리 - 라
Fine

반조 염불가

작사 문재현
작곡 배신영
노래 홍노경

소중한 삶

작사 문재현
작곡 배신영
노래 홍노경

(모데라토) ♩= 100

석가모니불

작사 문재현
작곡 배신영
노래 홍노경

국악가요

맹서의 노래

작사 문재현
작곡 배신영
노래 홍노경

느리게

염원의 노래

작사 문재현
작곡 배신영
노래 홍노경

느리게

음성공양

작사 문재현
작곡 배신영
노래 홍노경

느리게

A
F F7 B♭ C7 B♭ C7

inter
F F7 B♭ C7 F

부 처

B
F C7 F Dm Gm F
누 리
님 그 사 랑 속 의 우 리 는 행 복 이 로 세 세 월
위 빛 이 신 당 신 오 심 은 영 광 이 로 세 나 를

B♭ C D7 Gm C7 F
흐 름 깊 - 은 만 큼 젖 어 든 - 나 의 이 행 복 이
깨 운 반 - 야 - 의 지 - 혜 - 닦 아 이 뤄 서 님

F B♭ C7 F
세 상 의 - 모 든 분 들 부 처 님 사 랑 에 - 젖 고 젖 어 봐 요 젖
의 은 혜 - 보 답 하 는 그 서 원 다 하 는 - 초 지 일 관 으 로 구

Dm C7 Gm C7
은 만 치 복 - 되 - 고 행 복 을 누 - 리 리 니 오
류 중 생 멸 - 도 - 해 이 세 상 이 - 대 로 를 낙

Dm C7 B♭ Gm G7/B C7
는 - 나 날 그 자 체 그 대 로 가 낙 원 - 이 - 길 서
원 - 으 로 이 루 어 함 께 누 릴 그 날 - 오 - 길 합

F C7 B♭ Gm C7
원 하 는 기 도 - 로 - 써 음 성
장 기 도 노 래 - 로 - 써 음 성

B♭ C7 F
공 양 올 리 옵 니 - 다
공 양 올 리 옵 니 - 다
Fine

발 심 가

작사 문재현
작곡 배신영
노래 홍노경
보사노바
A
B
우 - 리 네 한 세 상 -
참 - 나 를 깨 달 아 -
본 - 연 - 한 몸 의 -
눈 - 깜 박 하 는 새 -
보 람 찬 삶 - 으 로 -
보 림 을 하 - 고 요 -
능 력 을 베 - 풀 어 -
한 세 상 다 - 가 고 -
바 꾸 기 위 - 하 여 -
자 비 심 발 - 하 여 -
극 - 락 세 - 계 -
부 귀 와 공 - 명 은 -
닦 아 들 봅 - 시 다 -
구 제 길 나 - 서 서 -
장 엄 을 하 - 구 요 -
잠 시 의 꿈 - 이 라 -
청 춘 - 홍 안 이 -
중 생 들 세 계 에 -
둥 실 - 두 둥 실 -
이 러 한 되 풀 이 -
얼 마 나 길 - 던 가 -
고 통 을 없 - 애 어 -
누 리 기 위 - 하 여 -
금 생 에 끝 - 내 어 -
꿈 꾸 는 사 - 이 에 -
극 락 이 되 - 도 록 -
오 늘 의 어 - 려 움 -
윤 회 의 사 슬 에 서 -
백 발 이 된 - 다 네 -
최 선 을 다 - 하 세 -
극 복 을 해 - 내 세 -
벗 어 나 납 - 시 다 -
1-2절 D.C
3-4절

자비의 품

작사 문재현
작곡 배신영
노래 홍노경

느리게

부처님 은혜 1

작사 문재현
작곡 배신영
노래 홍노경
느리게
노을이 짙고 새둥-지- 찾 을 땐- 부처 님의 절절한- 말씀 생각이나고
눈에이슬 맺힌채-참회 기도- 명 상 으 로 써 억- 겁 업 을-
재 우 노 라 면 구 름 그 늘- 서늘한바 람 불어 옴 을-맞음 이 랄까-
상 쾌 하 고 확 트 인 가 슴- 희 망 의 미- 소
입가에 번- 지 - 고 콧노 래 가 절 로 흘 러 나 온 다- 고 맙
습 니다- 참- 고 맙 습 니 다 더없이 큰 부 처 님 은 혜
구 류 중 생 을- 구 제 함 으 로 써 갚는것이 서 원- 입 니 다 서 원
향 해- 될- 것-입 니 다- 서원 향 해 다 할 것 입 니- 다-
Fine

보살의 마음

작사 문재현
작곡 배신영
노래 홍노경
느리게
A
B
파 - 도 에 실려 떠가 는 낙엽같이 살아가는 인 생 -
구 원 코 자 - 따 라 주 며 같 이 하 는 자 - 비 인 데 -
제 안경 에 보 인 대 로 말 들 - 하 - 지 - 만 -
눈 이 멀 고 귀 가 먹 은 저 들 - 이 - 지 - 만 -
못 들 은 척 - 모 르 는 척 최 - 선 - 다 하 - 리
황 소 처 럼 - 지 장 처 럼 최 - 선 - 다 하 - 리
바 - 른 눈 바 - 른 맘 통 쾌 - 히 열 어 라 -
지 - 혜 눈 지 - 혜 맘 통 쾌 - 히 열 어 라 -
아 - 아 아 - 아 그 - 날 - 이
아 - 아 아 - 아 그 - 날 - 이
그 - 날 이 오 기 만 을 기 다 리 는 마 - 음 -
그 - 날 이 오 기 만 을 기 다 리 는 마 - 음 -

이 생에 해야 할일

작사 문재현
작곡 배신영
노래 홍노경

구도의 목표

작사 문재현
작곡 배신영
노래 홍노경

느리게

님은 아시리

작사 문재현
작곡 배신영
노래 홍노경

Moderato ♩ = 100

부처님 은혜 2

작사 문재현
작곡 배신영
노래 홍노경

느리게

성중성인 오셨네

(초파일노래)

작사 문재현
작곡 배신영
노래 홍노경

내 문제는 내가 풀자

작사 문재현
작곡 배신영
노래 홍노경

조금빠르게

즐거운 밤

작사 문재현
작곡 배신영
노래 홍노경

Trot Disco ♩= 145

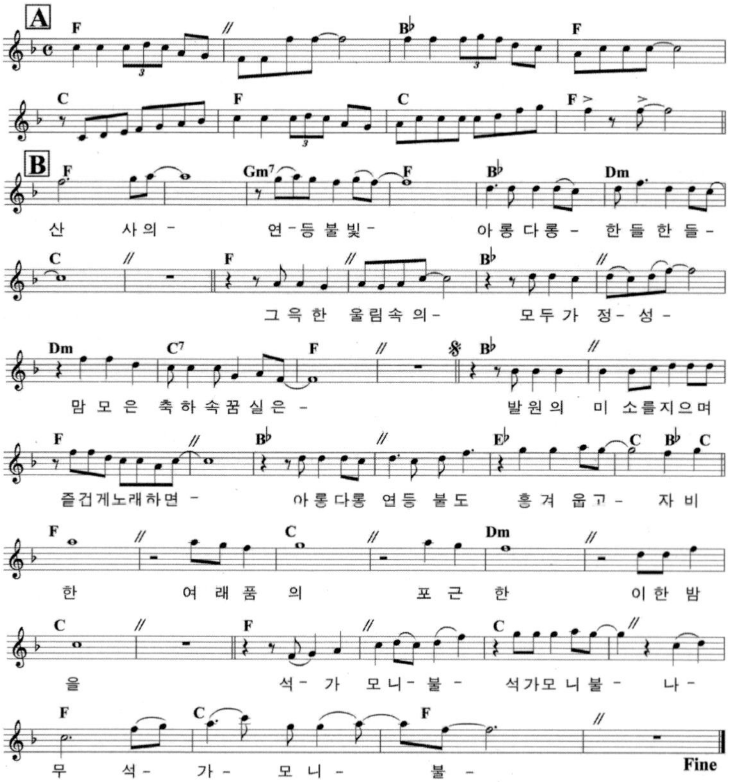
A
F
B♭
C
B
Gm7
Dm
C7
E♭
산 사의- 연-등 불빛- 아롱다롱- 한들한들-
그윽한 울림속의- 모두가 정-성-
맘모은 축하속꿈실은-
발원의 미소를지으며
즐겁게노래하면- 아롱다롱 연등 불도 흥겨 웁고- 자비
한 여래품의 포근한 이한밤
을 석-가 모니-불- 석가모니불- 나-
무 석- 가- 모니- 불-
Fine

관 음 가

작사 문재현
작곡 배신영
노래 홍노경

조금빠르게 ♩= 130

부 처 님

작사 문재현
작곡 배신영
노래 채연희

열반재일

작사 문재현
작곡 배신영
노래 채연희

Slow GoGo ♩ = 86

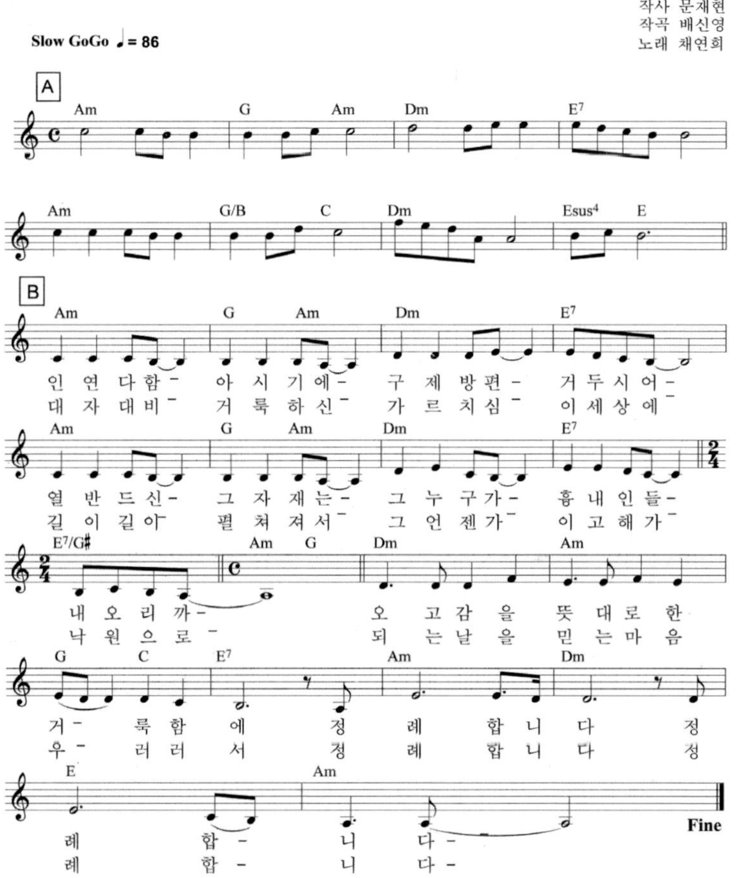

성도재일

작사 문재현
작곡 배신영
노래 채연희

석굴암의 노래

작사 문재현
작곡 배신영
노래 채연회

님의 모습

작사 문재현
작곡 배신영
노래 채연희
Slow Waltz ♩= 82
A
Am Dm
C E7 Am
B
Am Dm E7
합 장 속 의 봉 - 화 처 럼
대 자 비 의 육 - 신 통 을
님 의 모 습 그 - 위 력 에
Am G/B C Dm E
나 타 나 신 모 - 습
갖 춰 나 툰 모 - 습
보 림 이 룬 마 - 음
Am G/B C E7 Am
사 색 속 의 태 - 양 처 럼
우 리 들 의 온 - 갖 소 원
님 의 모 습 나 - 툰 찰 나
Am E+5 E7 Am
나 타 나 신 - 모 - 습
이 뤄 주 신 - 모 - 습
둘 이 아 닌 - 마 - 음
Am E Am E
아 - 아 - 미 소 속 - 의
아 - 아 - 백 천 삼 - 매
아 - 아 - 님 의 모 - 습

Dm
Am
-Bis-
F
E7
무 지 개 를 타 - 고 나 - 툰 - 모 -
나 에 게 서 깨 - 워 주 - 신 - 모 -
그 대 로 가 유 - 마 묵 - 연 - 마 -
Am
습
습
음
Fine

믿고 따르세

작사 문재현
작곡 배신영
노래 채연희

신명을 다하리

작사 문재현
작곡 배신영
노래 채연희

Slow ♩ = 64 국악가요

부처님께 바치는 노래

작사 문재현
작곡 배신영
노래 채연희
Slow ♩ = 78
A
Dm B♭ Gm Em7(♭5) A7
B♭ F/A Gm7 Asus4 A
B
Dm F Em7(♭5) A7 Dm
늘 새롭게 태어남으로 누리는
늘 새롭게 태어남으로 오늘도
A7 A7sus Dm A7
삶을 깨닫게 이끌어- 주신 부처님 어-
또한 내일도 함없는- 함의 즐거움 어-
Gm Dm F Em7(♭5) A7
찌 감사함으로 만족하리까
찌 누림으로만 만족하리까
Dm Gm Em7(♭5) Asus4 A
부 처님처럼 관세음- 처럼 닦고 이루고 갖추어 서 베
부 처님처럼 관세음- 처럼 그리 되도록 최선다 해 구
Gm Dm B♭ A7
품-으로- 구제하는맘 구류가 다한날 까 지
류-들을- 구제해내는 대자비의무장으로 써
Dm C/E F Gm Dm
최선다함만이 크나큰은-혜 갚음이라 영원히 신-
신명다함만이 크나큰은-혜 갚음이라 부처님 전-
A7 Dm Dm
명다할 겁- 니다
에합장 합- 니다
Fine

감사합니다

작사 문재현
작곡 배신영
노래 채연희

교 화 가

작사 문재현
작곡 배신영
노래 채연희

B♭
Gm
Asus4
A
구 제 를 할 때 -
교 화 를 할 때 -
노 래 를 하 며 -
Gm
Dm
A
갖 은 방 편 어 려 움 도
제 안 경 에 갖 은 시 비
춤 을 추 는 이 환 희 를
Dm
A/C♯
Dm
Fine
웃 어 넘 는 스 - 승 님 -
웃 어 넘 는 스 - 승 님 -
함 께 하 잔 스 - 승 님 -
1.2 = 1절 3 = 2절

섬진강 소초

작사 문재현
작곡 배신영
노래 채연희

권 수 가 1

작사 문재현
작곡 배신영
노래 채연희

Am G Em G
이룰듯하다가 놓쳤으니- 하루하루가 태산만같게
어 찌아 니 슬플쏜가- 숙-명적인 인과라해도
Em Am D G D
커져만- 가는게 의심일세- 얼 씨구 나 좋 다-
극복해- 넘기에 어려웁네- 얼 씨구 나 좋 다-
Em C G Em
지 화 자 좋 네- 아니닭지는 -코러스-
지 화 자 좋 네- 아니닭지는
Am D G
못- 하 리- 라-
못- 하 리- 라-
Fine

권 수 가 2

작사 문재현
작곡 배신영
노래 채연희

Bounce ♩= 120

Am
G
Em
G
두타의수 행을 인내로 써 하루하루 를 수 행해 왔 던
역- 대조 - 사 무공적 의 명 - 월 삼 경 이 좋은 밤 을
Em
Am
D
G
D
결실로 - 언어진 과위라 네 얼 씨구 나 좋 다
두둥실 - 두둥실 즐겨보 세 얼 씨구 나 좋 다
Em
C
G
Em
지 화 자 좋 네 아 니닦 지 는 - 코 러 스 -
지 화 자 좋 네 아 니닦 지 는
Am
D
G
못 - 하 리 - 라
못 - 하 리 - 라
Fine

우란분재일

작사 문재현
작곡 배신영
노래 채연희

Trot in4 (double beat) ♩= 134

A

Gm E♭ D7 Gm E♭ D7

B

Gm D7 Gm Am7(♭5) Dsus7 D

우 란 분 재 맞 - 이 해 서 대 자 대 비 - 부 처 - 님 을
정 성 어 린 마 - 음 으 로 이 고 득 락 - 비 옵 - 나 니

Gm D7 E♭ Am7 D7

이 자 - 리 에 청 해 모 셔 다 생 부 모 왕 생 극 락
세 상 - 애 착 모 두 끊 고 부 처 님 의 그 세 상 에

D7 Gm D7 Gm

정 성 다 한 맘 입 니 다 지 혜 짧 아 못 - 미 - 처 서
나 시 기 만 원 합 니 다 다 생 겁 에 경 - 험 - 하 신

Gm D Gm Cm6 D7

중 한 은 혜 입 - 고 서 도 보 은 보 답 못 하 고 서
부 질 없 는 몸 - 종 노 릇 그 허 망 을 떨 침 만 이

Gm D7 Cm Gm11

이 생 까 지 이 - 른 것 을 머 리 - 숙 여 부 처 님 께
윤 회 고 를 벗 - 어 나 는 길 이 - 오 니 그 리 되 길

E♭ D7 D7 Gm

참 회 합 니 - 다 참 회 - 합 니 - 다
비 옵 나 이 - 다 비 옵 - 나 이 - 다

Fine

고맙습니다

작사 문재현
작곡 배신영
노래 채연희
Waltz ♩= 108
A
Am Dm
C E7
B
Am Dm
이 런이도 고 마웁고 저 런이도 고 마우며
이 런일도 없 었고 - 저 런일도 없 었고 -
어 려운일 없 었다면 안 되는일 없 었다면
참 을인자 공 덕이 - 어 질인자 공 덕이 -
C E7 1.
모 - 두가 고 맙습니 다 - 음
모 - 두가 없 었다 - 면 -
고 - 마움 알 았으리 오 -
이 - 리도 큰 거란 - 걸 -
2. Am Am Dm
음 백 겁 천 생 몹 - 쓸 업
알 고 보 니 님 - 의 은
Em Am C
장 닦지못 했을 걸 고 - 마 워
혜 님의은 혜일 세 고 - 마 워
E7 Am G C
요 고 마 워 - 요 정 말정 말
요 고 마 워 - 요 정 말정 말
Em Am
고 맙 습 니 다 -
고 맙 습 니 다 -
Fine

믿음으로 여는 세상

작사 문재현
작곡 배신영
노래 채연희

출가재일

작사 문재현
작곡 배신영
노래 채연희

Moderato ♩ = 106

염 원

작사 문재현
작곡 배신영
노래 채연희

Moderato GoGo ♩ = 114

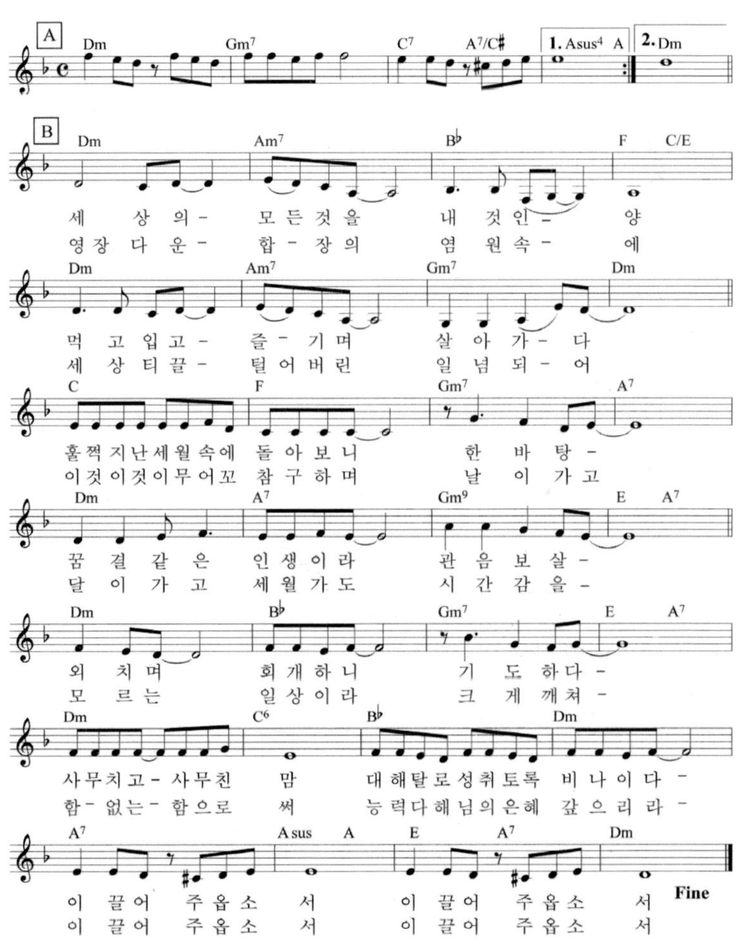

우리네 삶, 고운 수로

작사 문재현
작곡 배신영
노래 채연희
Swing ♩= 122
A
B
어리어리 어-우리 우리함께 사랑하며
어리어리 어-우리 남녀노소 식구처럼
어리어리 어-우리 남녀노소 식구처럼
어 울려 노 래와춤 으로 나-
어 울려 나 누는맘 으로 나-
어 울려 나 누는맘 으로 나-
어리어리 어- 우리
어리어리 어- 우리
어리어리 어 우리
우 리네 삶 고운수 로 꾸 며 가 세 세 Fine
우 리네 삶 고운수 로 꾸 며 가 세
우 리네 삶 고운수 로 꾸 며 가 세

숲속의 마음

작사 문재현
작곡 배신영
노래 채연희

사 색

작사 대원 문재현
작곡 배신영

천부경을 아시나요

작사 대원 문재현
작곡 배신영

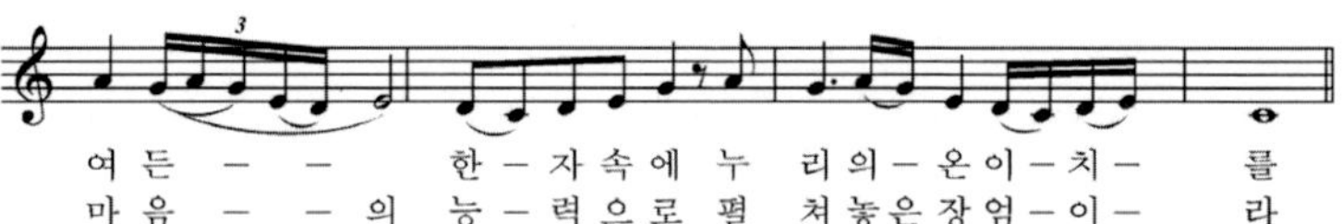

보 살 가

작사 대원 문재현
작곡 김동환

너무느리지않게 ♩ = 80

이세계저세계서 닦았던보현행을 영원히펼치 - 리

 님은 아시리

1 부

1. 사계절의 풍광인들 위로되겠니
서사시의 음률인들 쉬어지겠니
뜻과 같이 되지 않아 기도에 젖은
이 마음 님은 아시리
한 세상 열정 쏟아 닦는 수행길
불보살님 출현하셔 베푼 자비에
모든 망상, 모든 번뇌 없었으면 좋으련만
마음대로 안 되는 게 수행이더라, 수행이더라

2. 사계절의 풍광인들 위로되겠니
서사시의 음률인들 쉬어지겠니
뜻과 같이 되지 않아 기도에 젖은
이 마음 님은 아시리
청춘의 모든 욕망 사뤄버리고
회광반조 촌각 아낀 열정 쏟아서
이룬 선정 그 효력이 있었으면 좋으련만
마음대로 안 되는 게 보림이더라, 보림이더라

3. 사계절의 풍광인들 위로되겠니
서사시의 음률인들 쉬어지겠니
뜻과 같이 되지 않아 기도에 젖은
이 마음 님은 아시리
억겁의 모든 습성 꺾어보려고
갖은 노력 갖은 인내 온통 쏟아서
세월 잊은 보림 성취 있었으면 좋으련만
마음대로 안 되는 게 성불이더라, 성불이더라

2 부

1. 사계절의 풍광인들 비유되겠니
가릉빈가 음률인들 비교되겠니
뜻과 같이 자유자재 베풀어놓고
한없이 즐기시련만
그러한 대자유의 삶을 접고서
중생들을 구제하려 삼도에 출현
갖은 역경 어려움을 감내하는 사비로써
깨워주는 그 진리에 눈을 뜨거라, 눈을 뜨거라

2. 사계절의 풍광인들 비유되겠니
   가릉빈가 음률인들 비교되겠니
   뜻과 같이 자유자재 베풀어놓고
   한없이 즐기시련만
   억겁을 다하여도 끝이 없을 걸
   알면서도 해내겠다 나선 님의 길
   가시밭길 험난해도 일관하신 그 자비에
   구류중생 깨달아서 정토 이루리, 정토 이루리

3. 사계절의 풍광인들 비유되겠니
   가릉빈가 음률인들 비교되겠니
   뜻과 같이 자유자재 베풀어놓고
   한없이 즐기시련만
   낙원의 모든 즐김 떨쳐버리고
   삼악도를 낙원으로 이뤄놓겠다
   촌각 아낀 그 열정에 모두 모두 감화되어
   이 땅 위에 님의 소원 이뤄지리라, 이뤄지리라

불보살의 마음

1. 자비, 그 자비는 눈물이었네
불나방이 불을 좇듯 가는 이
그래도 못 잊어서 버리지 못해
저리는 저리는 가슴, 그 가슴 안고서
눈물, 피눈물로 저리 부르네

2. 자비, 그 자비는 눈물이었네
제 살 길을 저버리는 이들을
그래도 못 잊어서 버리지 못해
저리는 저리는 가슴, 그 가슴 안고서
눈물, 피눈물로 저리 부르네

나의 노래

1\. 노세 노세 봄놀이하세
대천세계 이 봄 경치
한산 습득 친구삼아
호연지기 즐겨볼까
얼씨구나 절씨구
아니나 즐기고 무엇하리

2\. 노세 노세 봄놀이하세
걸음 좇아 이른 곳곳
문수보현 벗을 삼아
화엄광장 춤춰볼까
얼씨구나 절씨구
아니나 즐기고 무엇하리

잘 사는 게 불법일세

1. 잘 사는 게 불법일세
   우리 모두 관음보살 지장보살 생활 속에 모시면서
   마음 비운 나날들로 바른 삶을 하노라면
   불보살님 가피 속에 뜻 이뤄서 꽃을 피운
   그런 날이 있을 걸세

2. 잘 사는 게 불법일세
   우리 모두 관음보살 지장보살 생활 속에 모시면서
   마음 비워 살아가며 시시때때 잊지 말고
   참나 찾아 참구하는 그 정성도 함께 하면
   좋은 소식 있을 걸세

3. 잘 사는 게 불법일세
   우리 모두 관음보살 지장보살 생활 속에 모시면서
   틈틈으로 회광반조 사색으로 참나 깨쳐
   화장세계 장엄하고 얼쉬얼쉬 어울리며
   영원토록 웃고 사세

해탈의 길

- 타령조로

1. 백짓장 한 장도 가리운 것 없는 것을
그리도 몰라 여섯 갈래 떨어져서
그 처참한 갖은 고통 날로 날로 겪는다는 말이런가

백짓장 한 장도 설 수 없는 것이라서
모를 뿐이라 어려울 것 없는 것을
제 능력에 제가 속은 고통에서 벗어나지 못하누나

백짓장 한 장 그런 말도 비운 거기
조용하게 비추어 보아 사무쳐들 보게나
끝이 없는 윤회길의 모든 고통 벗어나는 길이로세

2. 백짓장 한 장 벗겨낼 일도 없이
천연으로 내게 있어 본래 대자윤데
억겁 속을 속박 고통 겪었구나
얼씨구나 절씨구나 좋고 좋네

백짓장 한 장 만한 것도 얻음 없이
이리 만족 하는 것을 두고
유구세월 걸인생활 하였구나
얼씨구나 절씨구나 좋고 좋아 좋고 좋네

백짓장 한 장 옮김 없이 이른 낙원
이 행복을 모두 함께 누려 지상낙원 되는 날을
하루라도 앞당겨서 크고 크신 님의 은혜 갚아보세

우리 모두

우리 모두 만난 인생 즐겁게 살자
부딪치는 세상만사 웃으며 하자
인연으로 어우러진 세상사이니
풀어가는 삶이어야 하지 않겠니
몸 종노릇 하는 사이 맘 챙겨 살자
맑고 맑은 가을 허공 그렇게 비워
명상으로 정신세계 사무쳐보자
언젠가는 깨쳐 웃는 그날이 오리
한산 습득 껄껄 웃는 그러한 웃음
웃어가며 모든 일을 대하는 날로
활짝 펼쳐 어우러진 그러한 삶을
우리 모두 발원하며 즐겁게 살자

이때 우리는

1. 화산의 폭발로 해서 사람들과 모든 것이 용암펄로 화해버린
이 막막한 우리들을 올바르게 영원으로 끌어주실
성인중의 성인이신 불보살님 나라에 가 나는 게 꿈이네

2. 태풍이 인가를 덮쳐 다정했던 이웃들은 간 곳 없고
어지러운 벌판이 된 처참하고 기가 막혀 무상하기 그지없는
이 현실에 의지할 분 생명 밝혀 영원케 한 부처님 뿐이네

3. 지진이 우리의 삶을 삼켜버려 초토화가 되어버린
허망하기 그지없는 우리들의 현실에선 사방천지 둘러봐도
의지해야 할 분은 자신 깨쳐 누리라 한 부처님 뿐이네

닮으렵니다

관세음보살 관세음보살
지극한 마음으로 닮으려고
오늘도 노력하며
주어진 일을 하면
하루가 훌쩍 가는 줄도 모른다오
관세음 관세음보살
님께서 베푸는 그 넓은 사랑을
이 맘 속에 기르고 길러서
실천하는 그런 장부 되어서
큰 은혜 갚을 겁니다

사람다운 삶

1. 사람이 사람다운 사람이 되려면
명상으로 비우고 비워서
고요의 극치에 이르러
자신을 발견한 슬기로써
마음을 다스리는 연마 후에
그 능력으로 모두가 살아가야
평화로운 세상이 활짝 열려
모두 함께 누릴 걸세

2. 서로가 다툼 없이 서로를 아껴서
마음으로 베풀고 베푸는
사회로 이루어 간다면
낙원이 멀리만 있는 것이 아니라
살고 있는 이대로가
낙원이란 걸 모두가 실감하는
우리들의 세상이 활짝 열려
모두 함께 누릴 걸세

서로 서로 나누면서

버들 푸르고 꽃 만발하고 나비 춤이더니
녹음이 우거지고 매미들의 노래 가득한 천지
울긋불긋 고운 단풍 어제인 듯한데 눈이 오네
우리 모두의 삶 저러하고 저렇지 않던가
보기도 아까웁고 소중한 형제 자매들이니
서로 서로 나누면서 짧은 우리네 삶을 즐기세

즐거운 마음

- 흥겹게 부를 노래

1. 우리 모두 선택 받은 제자 되어
즐거운 맘 하나 되어 축하합니다
그 무엇을 이룬들 이리 좋으며
황금보석 선물인들 이만하리까
부처님의 가르침만 따르오리다
실천하리라 실천하리라

2. 부처님의 뒤 이을 걸 맹세하며
다짐으로 즐기는 맘 가득합니다
당당하게 행보하는 구세의 역군
혼신 다해 낙원 이룬 이 세계에서
함께 사는 즐거움을 생각하며
노래합니다 노래합니다

지장보살

지장보살 두 눈의 흐르는 눈물
마르실 날 언제일까 생각하고 또 생각해도
이 세상의 사람들이 멀어지게만 하고 있네요
보살님 어찌해야 하오리까
반야의 실천으로 최선 다해 돕는다면
안 되는 일 있으리까
대원본존 지장보살 나무 지장보살

바른 삶

1. 어디 어디 어디라 해도
마음 찾아 바로만 살면
그곳 바로 극락이라네
세상분들 귀담아 듣고
사람 몸을 가졌을 때에
모든 고비 극복해내서
참선으로 참나를 깨쳐
걸림없는 해탈의 세상
누려보세 누려들 보세

2. 어둔 곳에 태양이 뜨듯
중생계에 불타 출현해
바른 삶에 인도를 하셔
복된 날을 기약케 하니
아니 아니 좋고 좋은가
이 몸 주인 통쾌히 깨쳐
억겁 업을 말끔히 씻고
걸림없는 해탈의 세상
누려보세 누려들 보세

선 승

토함산 소나무 위에 달빛도 조는데
단잠을 잊은 채 장승처럼 앉아있는
깊은 밤 선승의 눈빛 고요하다
고요마저 서지 못한 그윽하고 그윽한 선정이라
대천도 흔적 없고 허공계도 머물 수 없는
수정같은 광명 그 광명 속에는 억겁 업도 그늘일세
그 광명 속에는 억겁 업도 그늘일세

수행과 깨침

1. 그릴 수도 없는 마음 만질 수도 없는 마음
찾으려는 수행을 하려고 모든 것을 버리고
모든 생각 비우길 몇 백천 번이던가
머리 터지고 피를 토해도
깨달아야 할 이 화두기에 놓지 못하네

2. 놓지 못해 놓아버릴 수 없는데
하늘 땅도 흔적 없고 이 몸도 사라져
위와 아래 앞뒤가 공해버린 여기에
홀로 이러-해져서 그만 그러던 어느 순간에
멈출 수 없던 이 화두에서 문득 깨쳤네

맹 세

1. 내가 선택한 수행의 길에 나의 청춘을 묶었다
님 향해 눈 감고 합장에 담은 지극한 신심과 정성입니다
내 가슴에 못질을 하는 업심의 무게 속에서도
우리가 모신 스승님 자비 속에 눈물도 이젠 끝났다
너무도 쉽게 깨달아서 소중한지도 모르고
보림이 힘겨워 단 한 번도 감사하단 말도 못했네
백년도 우린 살지 못하고 이 몸은 흩어지지만
세세생생 우리 함께 하도록 열심히 정진하리라

2. 40여년쯤 지나 내 육신의 옷을 벗을 때가 되면
생사자재하여 스승님과 그 길을 함께 하리라
너무도 쉽게 깨달아서 소중한지도 모르고
보림이 힘겨워 큰 은혜에 감사하단 말도 못했네
백 년도 우린 살지 못하고 이 몸은 흩어지지만
세세생생 님의 은혜 갚는 길 온 중생 제도함이라
이 세상의 어떤 고난이 나를 막는다 하여도
내 전부인 오직 한 분 님 위해 살리라 님 위해 살리라

다시 올 수 없는 날

눈을 감은 합장으로 맹서합니다 언제나 같이 하길
모든 걸 버리고 출가를 했으니 기필코 성불하길
굳은 맹세를 하죠 일심기도를 하죠
내 생에 이처럼 의미깊은 날 다시는 올 수 없을 겁니다
스승님을 만난 걸 너무나 감사해요
이 생에서 생사자재하여 모두 함께 합시다
위로는 불지를 닦고 아래로는 교화를 하여
이 생에서 부처님의 크고 큰 은혜를 갚으리라

걱정 말라

1. 걱정 말라 걱정을 말라 불보살님 말씀대로만
행한다면 안 풀리는 일 없다 하지 않았던가
육근으로 보시를 하며 웃고 살자 웃고들 살자
백년 미만 우리네 인생 세상 만사 마음먹기
달렸다고 일러주시지 않았던가 걱정을 말라

2. 이리 봐도 저리를 봐도 모두 모두 내 살림일세
간섭할 수 없는 내 살림 아니 아니 그러한가
이리 펼치고 저리 펼쳐 육문으로 지은 복덕
베푸는 맛이 아니 좋은가 우리 사는 지구인 별
함께 가꿔 낙원으로 만들어서 살아들 보세

얼씨구나 절씨구나 한 판 놀음 덩실덩실 살아들 보세

따르렵니다

1. 우리 모두 합장 공경 하옵니다
크고 작은 근심 걱정 씻이주려
우릴 찾아 오셨으니 감사합니다 고맙습니다

2. 우리 모두 손에 손을 맞잡고서
즐거웁게 노래하고 춤을 추며
우리에게 오신 님을 경하합니다 축하합니다

3. 우리들의 깊은 잠을 깨워주셔
영생불멸 낙원의 삶 누리게끔
해주시려 오신 님을 공경합니다 따르렵니다

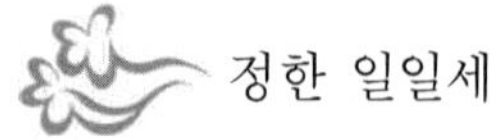

정한 일일세

우리네 삶이란 것
풀끝 이슬 아니던가
서로서로 위로하고
아끼면서 우리 모두
착한 삶이 이어져
가노라면 언젠가는
행복한 그날이
우리에게
찾아오는 것 정한 일일세
찾아오는 것 정한 일일세

바로보인의 책들

1. 바로보인 전등록 (전30권을 5권으로)

7불과 역대 조사의 말씀이 1,700공안으로 집대성되어 있는 선종 최고의 고전으로, 깨달음의 정수가 살아 숨쉬도록 새롭게 번역되었다.

464, 464, 472, 448, 432쪽.

각권 18,000원

2. 바로보인 무문관

황룡 무문 혜개 선사가 저술한 공안집으로 『전등록』, 『선문염송』, 『벽암록』 등과 함께 손꼽히는 선문의 명저이다.

본칙 48개와 무문 선사의 평창과 송, 여기에 역저자인 대원 문재현 선사의 도움말과 시송으로 생명과 같은 선문의 진수를 맛보여 주고 있다.

272쪽. 12,000원

3. 바로보인 벽암록

설두 선사의 『설두송고』를 원오 극근 선사가 수행자에게 제창한 것이 벽암록이다.

이 책은 본칙과 설두 선사의 송, 대원 문재현 선사의 도움말과 시송으로 이루어져, 벽암록을 오늘에 맞게 바로 보이고 있다.

456쪽. 15,000원

4. 바로보인 천부경

우리 민족 최고(最古)의 경전 천부경을 깨달음의 책으로 새롭게 바로 보였다. 이 책에는 81권의 화엄경을 81자에 함축한 듯한 천부경과, 교화경, 치화경의 내용이 함께 담겨 있으며, 역저자인 대원 문재현 선사가 도움말, 토끼뿔, 거북털 등으로 손쉽게 닦아 증득하는 문을 열어놓고 있다.

432쪽. 15,000원

5. 바로보인 금강경

대원 문재현 선사의 『바로보인 금강경』은 국내 최초로 독창적인 과목을 내어 부처님과 수보리 존자의 대화 이면의 숨은 뜻을 드러내고, 자문과 시송으로 본문의 핵심을 꿰뚫어 밝혀, 금강경 전체를 손바닥 안의 겨자씨를 보듯 설파하고 있다.

488쪽. 15,000원

6. 세월을 북채로 세상을 북삼아

대원 문재현 선사의 선시가 담긴 선시화집『세월을 북채로 세상을 북삼아』는 선과 시와 그림이 정상에서 만나 어우러진 한바탕이다. 선의 세계를 누리는 불가사의한 일상의 노래, 법열의 환희로 취한 어깨춤과 같은 선시가 생생하고 눈부시게 내면의 소리로 흐른다.

180쪽. 15,000원

7. 영원한현실

애매모호한 구석이 없이 밝고 명쾌하여, 너무도 분명함에 오히려 그 깊이를 헤아리기 어려운, 대원 문재현 선사의 주옥같은 법문을 모아 놓은 법문집이다.

400쪽. 15,000원

8. 바로보인 신심명

신심명은 양끝을 들어 양끝을 쓸어버리는, 40대치법으로 이루어진, 3조 승찬 대사의 게송이다.

이를 대원 문재현 선사가 바로 번역하는 것은 물론, 주해, 게송, 법문을 더해 통쾌하게 회통하고 자유자재 농한 것이 이 『바로보인 신심명』이다.

296쪽. 10,000원

9. 바로보인 환단고기 (전5권)

『바로보인 환단고기』 1권은 민족정신의 정수인 환단고기의 진리를 총정리하여 출간하였다.

2권에는 역사총론과 태초에서 배달국까지 역사가 실려있으며, 3권은 단군조선, 4권은 북부여에서부터 고려까지의 역사가 실려있다. 5권에는 역사를 증명하는 부록과 함께 환단고기 원문을 실었다.

264 · 368 · 264 · 352 · 344쪽. 각권 12,000원

10. 바로보인 선문염송 (전30권 중 21권)

선문염송은 세계최대의 공안집이다. 전 공안을 망라하다시피 했기에 불조의 법 쓰는 바를 손바닥 들여다보듯 하지 않고는 제대로 번역할 수 없다. 대원 문재현 선사는 전 공안을 바로 참구할 수 있게끔 번역하고 각 칙마다 일러보였다.

352 368 344 352 360 360 400 440 376 392 384 428 410 380 368 434 400 404 406 440 424쪽

각권 15,000원

11. 앞뜰에 국화꽃 곱고 북산에 첫눈 희다

대원 문재현 선사의 선문답집으로 전강 · 경봉 · 숭산 · 묵산 선사와의 명쾌한 문답을 실었으며, 중앙일보의 <한국불교의 큰스님 선문답> 열 분의 기사와 기자의 질문에 대한 대원 문재현 선사의 별답을 함께 실었다.

200쪽. 5,000원

12. 바로보인 증도가

선종사에 사라지지 않을 발자취로 남은 영가 선사의 증도가를 대원 문재현 선사가 번역하고 법문과 송을 더하였다.

자비의 방편인 증도가의 말씀을 하나하나 쳐가는 선사의 일갈이야말로 영가 선사의 본 의중과 일치하여 부합하는 것이라 아니할 수 없다.

376쪽. 10,000원

13. 바로보인 반야심경

이 시대의 야부 선사, 대원 문재현 선사가 최초로 반야심경에 과목을 붙여 반야심경 내면에 흐르는 뜻을 밀밀하게 밝혀놓고 거침없는 송으로 들어보였다.

200쪽. 10,000원

14. 선(禪)을 묻는 그대에게 (전10권 중 2권)

대원 문재현 선사의 선수행에 대한 문답집. 깨달아 사무친 경지에 대한 밀밀한 점검과, 오후보림에 대한 구체적인 수행법 제시와, 최초의 무명과 우주생성의 원리까지 낱낱이 설한 법문이 담겨 있다.

280쪽, 272쪽. 각권 15,000원

15. 바로보인 선가귀감

선가귀감은 깨닫고 닦아가는 비법이 고스란히 전수되어 있는 선가의 거울이라 할 만하다. 더욱이 바로보인 선가귀감은 매 소절마다 대원 문재현 선사의 시송이 화살을 과녁에 적중시키듯 역대 조사와 서산대사의 의중을 꿰뚫어 보석처럼 빛나고 있다.

352쪽. 15,000원

16. 바로보인 법융선사 심명

심명 99절의 한 소절, 한 소절이 이름 그대로 마음에 새겨두어야 할 자비광명들이다. 이 심명은 언어와 문자이면서 언어와 문자를 초월한 일상을 영위하게 하는 주옥같은 법문이다.

278쪽. 12,000원

17. 주머니 속의 심경

반야심경은 부처님이 설하신 경 중에서도 절제된 경으로 으뜸가는 경이다. 대원 문재현 선사의 선송(禪頌)도 그 뜻을 따라 간략하나 선의 풍미를 한껏 담고 있다. 하루에 한 소절씩을 읽고 참구한다면 선 수행의 지름길이 될 것이다.

84쪽. 5,000원

18. 바로보인 법성게

법성게는 한마디로 화엄경의 핵심부를 온통 훤출히 드러내놓은 게송이다. 짧은 글 속에 일체의 법을 이렇게 통렬하게 담아놓은 법문도 드물 것이다.
이렇게 함축된 법성게 법문을 대원 문재현 선사가 속속들이 밀밀하게 설해놓았다.

160쪽. 10,000원

19. 달다 - 전강 대선사 법어집

이제는 전설이 된 한국 근대선의 거목인 전강 선사님의 최상승법과 예리한 지혜, 선기로 넘쳤던 삶이 생생하게 담겨 있는 전강 대선사 법어집 < 달다 > !

전강 대선사님의 인가 제자인 대원 문재현 선사가 전강 대선사님의 법거량과 법문, 일화를 재조명하여 보였다.

304쪽. 15,000원

20. 기우목동가

그 뜻이 심오하여 번역하기 어려웠던 말계 지은 선사의 기우목동가!

대원 문재현 선사가 바른 뜻이 드러나도록 번역하고, 간결한 결문과 주옥같은 선송으로 다시 보였다.

146쪽. 10,000원

21. 초발심자경문

이 초발심자경문은 한문을 새기는 힘인 문리를 터득하게 하기 위하여 일부러 의역하지 않고 직역하였다.

대원 문재현 선사의 살아있는 수행지침도 실려 있다.

266쪽. 10,000원

22. 방거사어록

방거사어록은 선의 일상, 선의 누림을 보여 주는 대표적인 선문이다. 역저자인 대원 문재현 선사는 방거사어록의 문답을 '본연의 바탕에서 꽃피우는 일상의 함'이라 말하고 있다. 법의 흔적마저 없는 문답의 경지를 온전하게 드러내 놓은 번역과, 방거사와 호흡을 함께 하는 듯한 '토끼뿔'이 실려 있다.

266쪽. 15,000원

23. 실증설

대원 문재현 선사가 2010년 2월 14일 구정을 맞이하여 불자들에게 불법의 참뜻을 보이기 위해, 홀연히 펜을 들어 일시에 써내려간 실증설. 실증한 이가 아니고는 설파할 수 없는 일구의 도리로 보인 1부와, 태초로부터 영겁에 이르는 성품의 이치를 낱낱이 법문으로 설한 2, 3부를 보아 실증하기를…

198쪽. 10,000원

24. 하택신회대사 현종기

육조대사의 법이 중국천하에 우뚝하도록 한 장본인, 하택신회대사의 현종기. 세간에 지해종도로 알려져 있는 편견을 불식시키는 뛰어난 깨달음의 경지가 여기에 담겨있다. 대원 문재현 선사가 하택신회대사의 실경지를 드러내고 바로보임으로써 빛냈다.

232쪽. 10,000원

25. 불조정맥 - 韓英中 3개국어판

석가모니불로부터 현 78대에 이르기까지 불조정맥진영(佛祖正脈眞影)과 정맥전법게(正脈傳法偈)를 온전하게 갖춘 최초의 불조정맥서. 대원 문재현 선사가 다년간 수집, 정리하여 기도와 관조 끝에 완성한 '불조정맥'을 3개국어로 완역하였다.

216쪽. 20,000원

26. 바른 불자가 됩시다

참된 발심을 하여 바른 신앙, 바른 수행을 하고자 해도, 그 기준을 알지 못해 방황하는 불자님들을 위해 불법의 바른 길잡이 역할을 하도록 대원 문재현 선사가 집필하여 출간하였다.

162쪽. 10,000원

27. 누구나 궁금한 33가지

21세기의 인류를 위해 모든 이들이 가장 어렵고 궁금해 하는 문제, 삶과 죽음, 종교와 진리에 대한 바른 지표를 제시하고자 대원 문재현 선사가 집필하여 출간하였다.

180쪽. 10,000원

28. 108진참회문 - 韓英中 3개국어판

전생의 모든 악연들이 사라져 장애가 없어지고, 소망하는 삶을 살게 하기 위해 대원 문재현 선사가 10계를 위주로 구성한 108 항목의 참회문이다. 한 대목마다 1배를 하여 108배를 실천할 것을 권한다.

170쪽. 15,000원

29. 달마의 일할도 허락지 않는다

대원 문재현 선사의 짧고 명쾌한 법문집. 책을 잡는 순간 달마의 일할도 허락지 않는 선기와 맞닥뜨리게 될 것이다. 때로는 하늘을 찌를 듯한 기세와, 때로는 흔적 없는 공기와도 같은 향기를 일별하기를…

190쪽. 10,000원

30. 마음대로 앉아 죽고 서서 죽고

생사를 자재한 분들의 앉아서 열반하고 서서 열반한 내력은 물론 그분들의 생애와 법까지 일목요연하게 수록해놓았다.

446쪽. 15,000원

법문 MP3를 주문판매합니다

부처님의 78대손이신 대원(大圓) 문재현(文載賢) 전법선사님의 법문 MP3가 나왔습니다. 책으로만 보아서는 고준하여 알기 어려웠던 선문(禪文)의 이치들이 자세히 설하여져 있어서, 모든 궁금증을 시원하게 풀어줄 것입니다.

- 바로보인 천부경 : 15,000원
- 바로보인 금강경 : 40,000원
- 바로보인 신심명 : 30,000원
- 바로보인 법성게 : 10,000원
- 바로보인 현종기 : 65,000원
- 바로보인 법융선사 심명 : 100,000원
- 바로보인 반야심경 : 1회당 5,000원 (총 32회)
- 바로보인 선가귀감 : 1회당 5,000원 (총 80회 예정, 현재 72회)